특허란 무엇일까

머리말

"특허", 흔히 접할 수 있었던 삼성과 애플 간의 특허분쟁에 대한 내용은 차치하더라도, 기사 또는 주변 지인들로부터 특허라는 단어 자체에 대해서는 적어도 한 번 이상 들어 보신 적이 있으리라 생각합니다.

그런데, "특허란 무엇인가?"라는 질문에 간단명료하게 대답할 수 있는 분들은 많지 않을 것입니다. 특허 제도의 근간이 산업발전에 이바지함을 최종 목적으로 하는 점에서, 일반적인 자영업, 직장생활을 영위하시는 분들이 현실 생활 속에서 특허를 직접 접할 일이 많지 않은 까닭이라고 생각되네요.

이 책은 그러한 분들을 위해 쓰였습니다. 즉, 이 책은 "특허"라는 것이 어떠한 제도인지, 특허가 나에게 어떤 이익과 불이익을 가져다 줄 수 있는지, 특허를 획득하기 위해서는 어떠한 절차를 거쳐야 하는지, 획득한 특허를 어떻게 활용할 수 있는지 등 특허와 관련된 내용을 쉽고 명확하게 전달하고자 합니다.

이 책은 세 명의 변리사가 합심하여 집필하였습니다. 이들은 모두 특허 업계에서 5년 이상 실무를 수행한 자들입니다. 사람마다 개성이 다르듯이, 이들은 각자 관심 있는 분야와 강점이 있는 분야가 다릅니다. 이에, 이들은 각자 관심 있고, 자신 있는 분야를 맡아 집필하였습니다.

세 명이 서로 다른 주제를 맡아 작성하다 보니, 겹치는 내용도 일부 있고, 명세서 작성 항목 등 일부 견해가 상이한 부분도 있습니다. 이런 부분들은 "특허 제도의 이해"라는 큰 목적에 부합하는 한도 내에서 각 저자의 견해를 유지하였고, 특허 명세서가 "글"이라는 점에서 각 저자의 개성이 드러나는 부분으로 이해해 주시면 감사하겠습니다.

이 책만으로는 방대한 양의 특허 제도를 깊이 있게 다루기에는 무리가 있다고 생각합니다. 다들 실무자이되 이 분야에 대한 연구자도 아니고요. 다만, 적어도 이 글을 접하신 분들이 "특허란 이런 것이구나."라고 어렴풋이나마 감을 잡고, 특허에 관심을 가질 수 있게 된다면 공동 저자들에게는 더없는 행복이 되리라 생각합니다.

강민우
도태현
이용훈

목차

머리말

제1장 특허 제도

특허 제도   012
특허 제도 활용 시 장단점   018
특허 제도 활용이 유리한 주체   026
특허 제도와 유사한 다른 제도 소개   032
특허절차 용어 및 효과   037

제2장 대리인

나 홀로 출원과 변리사   046
변리사와 변호사   051

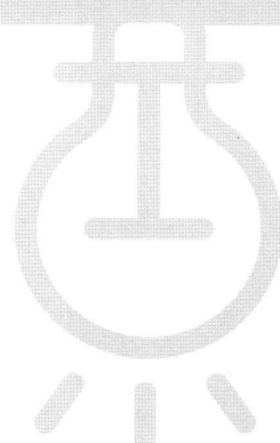

 **특허권의 획득**

특허요건 1: 총론	056
특허요건 2: 산업상 이용 가능성	058
특허요건 3: 신규성	062
특허요건 4: 진보성	072
특허절차 1: 개관	081
특허절차 2: 특허 명세서(1) (2)	085
특허절차 3: 심사청구	102
특허절차 4: 중간서류	106
특허절차 5: 등록	113
특허획득 소요기간	117
특허절차 비용	123
공동특허	127
직무발명	129

제4장 특허권의 보호

특허권의 법적 효력	138
특허침해 1: 특허 청구범위	141
특허침해 2: 특허소송	148
특허침해 3: 특허심판	152
NPE	156
국제출원: 해외특허로 카피캣을 잡는 방법	159

 **특허권의 활용**

특허권의 획득방식	**164**
특허권과 자금 1: 특허권을 이용한 대출	**167**
특허권과 자금 2: TCB(Tech Credit Bureau)	**168**
특허권과 기업 1: 벤처확인제도	**170**
특허권과 기업 2: 병역특례업체지정	**172**
특허권과 기업 3: 이노비즈 인증	**178**
특허권과 기업 4: 건설신기술	**186**
특허권과 기업 5: 직무발명 우수기업인증	**191**

제1장

특허 제도

특허 제도

강민우

"특허"란 무엇일까요? 특허청[01]에서는 특허를 다음과 같이 설명하고 있습니다.

특허 제도의 목적:	발명을 보호, 장려하여 국가산업의 발전을 도모하기 위한 제도
수단:	기술공개의 대가로 특허권을 부여
특허권의 효력:	출원일로부터 20년간 독점, 배타권을 부여

그렇다면, 특허권은 1) 기술공개를 해야만 부여받을 수 있고, 2) 권리를 행사할 수 있는 기간의 제한이 있으며, 3) 다른 사람이 정당한

---
01 특허청(www.kipo.go.kr).

권리 없이 임의로 사용함을 금지할 수 있는 권리로 이해할 수 있겠네요. 이에, 해당 내용을 하나씩 살펴보겠습니다.

1. 기술공개를 해야만 하는 이유

특허 제도의 목적은 발명을 보호, 장려하여 최종적으로 산업의 발전을 도모함에 있습니다. 산업의 발전이 효과적으로 이루어지기 위해서는 ① 나는 생각해 내지 못했으나 다른 사람이 생각해 낸 기술을 이용할 수 있어야 하고, ② 나와 다른 사람이 같은 기술을 개발하기 위해 자원이 중복적으로 투자되는 상황을 방지해야 할 것입니다.

만약, 기술이 공개되지 않고 특정인에게 독점, 배타권만 부여된다면 어떤 일이 일어날까요? 예를 들어, 스마트폰을 처음 개발한 사람(A)이 세부적인 기술 내용을 공개하지 않고 혼자만 사용하는 상황을 가정해 봅시다.

A는 자신이 개발한 스마트폰을 이용하여 음악, 동영상 감상, 인터넷, 메신저 등 우리가 일상적으로 사용하는 다양한 기능들을 사용할 수 있을까요? 그렇지 않겠죠. 스마트폰의 존재, 작동 원리들이 비밀에 부쳐져 있는데 스마트폰에서 이용할 수 있는 애플리케이션이 개발될 수 있을 리가 없습니다. 즉, A가 대단한 사람이라서 스마트폰을 혼자 만들어 냈다 하더라도, 스마트폰이라는 기술이 공개되지 않는 한 이를 활용하기 위한 후속 기술이 개발될 수 없습니다. 따라서, A의 스마트폰은 그 이전 세대의 피처폰과 큰 차이가 없겠죠.

A가 아닌 다른 사람들은 어떻게 될까요? 스마트폰이 개발되었다는 사실조차 알지 못하니 여전히 그 이전 세대의 피처폰을 사용할 수밖에 없을 것입니다.

결국 A와 다른 사람들이 구성하는 공동체, 국가, 더 나아가 범지구적으로 기술 발전이 진행될 수가 없습니다.

또한, A를 모르는 B가 피처폰의 한계를 느껴 독자적인 연구개발 끝에 스마트폰을 완성합니다. 더 나아가, A와 B를 모르는 C 또한 휴대폰에서 전화, 인터넷, 음악 감상, 동영상 감상 등을 모두 하고 싶어 혼자서 연구개발하여 스마트폰을 완성합니다.

결국, "스마트폰"이라는 한 개의 기술을 개발하기 위해, A, B, C가 각자 시간, 노력 및 비용을 투여한 상황이 되었네요. A, B, C 정도로 끝나면 다행이겠지만, 수많은 구성원들로 이루어진 사회적인 관점에서 보면 이런 중복 투자는 크나큰 손실입니다. 만약 A가 스마트폰을 이미 개발했다는 사실이 알려졌다면, B, C의 중복 투자는 이루어지지 않았겠죠.

따라서, 특허 제도는 "독점권과 배타권"을 부여받기 위해, "기술의 공개"를 필수적인 요건으로 하는 것입니다.

2. 기간 제한이 있는 이유

다시 앞의 상황을 가정해 봅시다. A는 스마트폰을 공개한 후 특허권을 부여받아, 독점적으로 권리를 행사할 수 있게 되었습니다. 개발자들은 스마트폰을 기반으로 다양한 애플리케이션을 개발합니다. 다른 제조업자들 또한 A가 개발한 스마트폰을 바탕으로 새로운 스마트폰을 개발하기 시작합니다.

그런데, A가 스마트폰의 개념을 세웠기 때문에, 개발된 애플리케이션은 스마트폰에서 사용됨을 전제합니다. 또한, 다른 제조업자들 또한 A가 개발한 스마트폰을 전제로 하여 개량하는 형태로 개발을 진행합니다.

개발자들 또는 다른 제조업자들이 A에게 허락을 받고 개발을 진행한다면 큰 문제가 없겠죠. 하지만 A가 대가 없이 허락해 줄까요? 개발자들 또는 다른 제조업자들은 A가 요구하는 대가(로열티)를 지불해야만 A의 스마트폰을 개량하기 위한 기술들을 개발할 수 있습니다.

처음에는 이 대가가 정당하다고 생각할 수 있습니다. 그런데 20년, 30년이 지나 스마트폰을 A가 개발했다는 사실조차 잊혀질 시점까지, 단지 "스마트폰"에 관련된 기술이라는 이유로 A에게 대가를 지불하는 것이 정당할까요? A는 정당하다고 생각할 수 있겠으나, 이것이 다른 사회 구성원들의 합의를 얻기는 어려울 것입니다.

더욱이, 스마트폰과 관련된 기술을 개발, 적용할 때마다 A의 권리를 신경 써야 한다면, 개발자들이 위축될 우려가 있지요. 결과적으로, 스마트폰이라는 훌륭한 기술이 개발되었음에도 사회에 별다른 기여를 하지 못하고 사장될 가능성 또한 있는 것입니다.

이에, 특허 제도는 A의 기여도를 인정하여 독점권과 배타권을 부여하되, 기간을 제한하여 A의 이익과 사회의 이익을 모두 도모하고자 하는 것입니다.

3. 다른 사람이 임의로 사용할 수 없는 이유

다시 앞의 상황으로 돌아가서, A는 많은 자원과 노력을 투여하여 스마트폰을 개발하고, 드디어 특허권을 획득했습니다. 신난 A는 기업들을 방문하여 스마트폰을 판매하거나, 투자 유치를 받고자 합니다.

그런데, D사의 한 종업원이 눈썰미가 매우 뛰어납니다. 이 종업원은 A가 들고 와서 시연한 스마트폰을 보고 작동 원리를 한 번에 파악합니다. A가 별다른 성과 없이 돌아간 이후, B사는 이 종업원이 파악한 원리를 그대로 적용하여 "인텔리폰"을 개발, 출시합니다.

이미 개발된 스마트폰을 바탕으로 새로운 기술이 더해진 인텔리폰은 스마트폰을 압도하며 시장을 잠식해 들어갑니다. A는 D사에 항의해 보지만 D사는 모르쇠로 일관하며, 뒤로는 합의를 종용합니다.

A가 D사만큼 규모가 큰 기업이라면 대등한 입장에서 협상이 가능하겠죠. 하지만 A가 개인이거나, D사에 비해 훨씬 영세한 기업이라면 어떨까요? 십중팔구 A는 불공평한 상황에서 강제로 합의를 해야만 하는 상황에 놓이게 될 것입니다. 그렇다면, A는 대체 무엇을 위

해 특허권을 취득한 것일까요?

특허 제도는 A와 같은 권리자를 보호하기 위해 독점권과 배타권을 인정합니다. A가 획득한 특허권은, 별다른 사정이 없는 한 A만 사용("실시"라고 합니다)할 수 있습니다. 또한, 정당한 권리 없이 다른 사람이 A의 특허권을 사용할 경우, A는 그 사람의 사용을 중지시키고, 그 사람이 A의 특허권을 사용하여 얻은 이익의 반환을 요구할 수 있는 법적인 권리를 부여받습니다.

이제, 특허 제도라는 것이 어떤 목적으로 만들어졌고, 어떠한 성질을 갖는지 대략적으로 감이 오셨으리라 생각됩니다.

특허 제도 활용 시
장단점

강민우

특허 제도의 궁극적인 목적은 국가 산업의 발전이라는 사회 공동체적 관점에 있다고 할 수 있겠네요. 이러한 특허 제도의 목적 달성을 위해서는 새로운 물건 등이 발명되고, 공개되어야 함을 알 수 있습니다.

그렇다면, 발명자인 개인의 입장에서 특허 제도를 활용함에 따라 얻을 수 있는 것과 특허 제도를 활용함에 따라 잃게 되는 것에는 어떤 것들이 있을까요? 아마 이 글을 접하는 분들이 가장 궁금해하실 부분이 아닐까 합니다. 이에, 이하에서는 이상적인 관점이 아닌, 현실적인 관점, 그리고 개인 등 경제 주체의 관점에서 특허 제도의 활용에 따른 장점과 단점을 간단하게 설명해 드리고자 합니다.

1. 특허 제도의 장점

가. 기술의 보호

특허 제도의 본질은 발명을 "보호"함에 있습니다. 따라서 발명이 특허 제도의 여러 요건에 만족할 경우, 발명은 특허권으로 등록되어 보호될 수 있습니다. 획득한 특허권이 일정한 요건에 만족할 경우, 특허법에 의해 여러 가지 형태로 보호될 수 있습니다.

예를 들어, 위의 사례에서 A가 스마트폰에 대한 특허권을 획득한 후 D사를 찾아갔다고 가정해 봅시다. 이 경우, D사가 무단으로 인텔리폰을 개발하여 출시했다면, A는 자신이 획득한 스마트폰에 대한 특허권을 바탕으로 D사에게 여러 가지 법적 조치를 취할 수 있습니다.

A가 취할 수 있는 조치에는 민사적, 형사적 조치가 포함될 수 있습니다. 즉, A는 민사적 조치를 통해 금전적인 보상을 받을 수 있을 뿐만 아니라 형사적 조치를 통해 D사에 대한 처벌을 구할 수도 있는 것이지요.

또한, 특허권은 재산이긴 하나 보이지 않는 "무체재산권"의 성질을 가집니다. 따라서, 권리의 침해는 쉬운 반면 침해나 손해의 입증은 어려운 면이 있지요. 특허법은 특허권의 이러한 특성 또한 고려하여 보다 두텁게 보호하기 위한 다양한 규정들을 마련해 두고 있습니다.

따라서, 특허권을 취득할 경우, 특허법, 더 나아가 민법이나 부정경쟁방지법 등 다양한 관련 법령을 통해, 법으로 보장된 권리를 행사할 수 있게 됩니다. 결과적으로, 비밀로 유지하는 경우에 비해 기술이 더 쉽고, 더 강하게 보호될 수 있겠지요.

나. 금전적 자산의 획득

특허권은 기본적으로 "재산"입니다. 재산이라 함은 다른 재화와 교환할 수 있는 가치, 즉 교환 가치가 있다고 이해할 수 있겠습니다.

먼저, 특허권은 매매가 가능합니다. 즉, 위의 사례에서, A는 스마트폰에 대한 특허권을 취득한 후 이를 D사에 소정의 대가를 받고 판매할 수 있습니다.

또한, 특허권은 사용료, 이른바 로열티(royalty)를 지급받을 수 있습니다. 위의 사례에서, A가 특허권을 보유한 채 단지 사용료만을 받고 싶다거나, D사가 특허권을 구입하지 않고 단지 사용만 하고 싶을 경우가 있을 수 있습니다. 이 경우, A와 D사가 "실시권" 계약을 체결하여, 권리자는 A로 유지된 채 D사가 이를 제조, 판매하여 소비자에게 공급할 수도 있습니다.

또한, 특허권은 무체재산권에 해당한다고 말씀드렸죠? 실체가 없기 때문에, A는 E사 또는 F사 등 다른 업체와도 실시권 계약을 동시에 체결할 수 있습니다. 물론, A가 동일한 특허권으로 여러 업체와 계약을 할 경우, 시장에서 동일한 제품이 난립하는 상황이 발생할 수 있습니다. 이 경우, D사, E사 및 F사 등은 정당한 대가를 A에게 지불하고 실시권을 얻었음에도 별다른 이익을 얻지 못하게 될 가능성이 있습니다.

이에, 특허법에서는 실시권을 '전용/통상'의 두 종류로 구분하여 규정하였습니다. 전용 실시권의 경우 특정 계약자만 독점적으로 특허권을 실시할 수 있습니다. 통상 실시권의 경우 여러 계약자가 서로 독립적으로 특허권을 실시할 수 있습니다. 어느 경우라도, 특허권자인 A는 정당한 대가를 얻을 권리를 부여받습니다.

더 나아가, 특허권은 민법상 "물권"으로 취급됩니다. 따라서, 은행 등에서 대출을 받거나, 임대 계약 등을 체결할 때 특허권은 "질물", 즉 담보로써 제공될 수 있습니다. 대출 한도 등이 막힌 경우에도, 특허권을 질물로 제공하여 추가 대출이 가능한 것이지요.

따라서, 특허권을 취득할 경우 단지 특허권 양도의 경우뿐만 아니라, 실시권 설정, 질권 설정 등 다양한 형태로 금전적 자산의 획득이 가능합니다.

다. 영업상 홍보 효과

산업이 고도화되면서 비슷비슷한 제품이 쏟아져 나오고 있는 현실입니다. 소비자는 수많은 비슷한 제품 중 어떤 제품을 선택해야 할지 기준을 세워야만 하는 상황이 되었지요.

제품 선택에 있어 소비자가 가장 중요하게 생각하는 기준은 무엇일까요? 통상 가격을 들 수 있겠고, 품질 또는 기술력 또한 중요한 기준으로 들 수 있겠습니다.

그런데, 품질 또는 기술력의 경우 단기간에 소비자에게 신뢰를 얻기가 쉽지 않습니다. 우리 주변에서 볼 수 있는 대부분의 가전제품은 적어도 수십 년간 관련 업계에서 사업을 진행해 온 대기업 위주라는 것을 쉽게 확인할 수 있지요. 즉, 소비자에게 신뢰를 얻기 위해서는 "시간"이 필요합니다.

그런데, 어떤 기업이 출시한 제품이 국가로부터 독점권을 부여받을 정도로 기술적으로 훌륭한 것이어서 특허권을 획득하였다면 어떻게 될까요? 소비자가 신뢰를 쌓기 위해 통상 요구되는 시간에 비해 훨씬 짧은 시간만으로도, 품질 또는 기술력을 인정받기에 긍정적인 영향을 얻을 수 있지 않을까요?

기업마다 홈쇼핑이나 광고 등에 특허권 획득 사실을 기재하는 것은 이러한 효과를 의도한 것입니다. 즉, 비슷한 제품이 있을 때, A 제품이 특허권을 획득하였고 B 제품은 그렇지 않았다고 해보겠습니다. 다른 조건이 비슷하다면, 소비자들은 높은 확률로 특허권을 획득한 A 제품을 선택하겠지요.

따라서, 특허권은 그 자체의 재산적 가치를 부여받을 뿐만 아니라, 제품, 나아가 그 제품의 제조자(개인 또는 기업 등)에 대한 긍정적인 인상을 소비자에게 줄 수 있는 효과를 얻을 수 있습니다.

2. 특허 제도의 단점

가. 기술의 보호를 위한 비용

특허권은 공권력에 의해 보호되는 권리입니다. 모든 권리에는 의무가 수반됨이 일반적이지요. 특허권 역시 그 이익을 향유하기 위해서는 일정한 금전적인 의무를 부담해야 하는데, 이것은 "특허료"라고 합니다. 특허청에 납부함으로써 특허권을 유효하게 존속시키기 위한 조건이지요.

특허권의 존속 기간은 출원일로부터 20년으로, 짧지 않습니다. 그런데, 특허료는 특허권의 연차가 누적됨에 따라 기하급수적으로 증가합니다. 즉, 1년 차 특허료에 비해 15년 차 특허료는 몇 배나 비쌉니다.

해당 특허권을 충분히 활용하여 경제적 이익을 얻었다면 상관없겠지만, 경제적 가치가 높지 않은 특허권을 보호기간 동안 특허료를 납부하며 유지하는 것은 경우에 따라서는 큰 부담으로 작용할 수 있습니다.

또한, 특허법에서 규정하고 있는 여러 가지 제도를 활용하여 특허권을 보호하고자 할 경우, 통상 변호사 또는 변리사 등 대리인을 고용하여 절차를 진행하게 됩니다. 이 경우, 대리인 수수료가 추가로 발생함은 물론, 심판이나 소송으로 진행될 경우 특허심판원 또는 법원에 납부해야 할 비용 역시 만만치가 않습니다.

즉, 특허권을 취득하고 이를 활용하기 위해서는, 유지를 위한 특허료, 권리 보호를 위한 비용, 그리고 예상치 못한 상황에 대처하기 위한 추가 비용 등이 발생할 수 있습니다.

나. 권리 소멸의 위험

특허권은 존속 기간이 있다는 점에서 일단 유한한 권리입니다. 더 나아가, 특허권은 자연적으로 발생하거나 누가 봐도 명확한 권리가 아닌, 특허청 심사관분들의 주관적인 판단이 개입되어 발생합니다. 따라서, 경우에 따라서는 하자가 있는 특허권이 발생할 수도 있는 것이지요.

경쟁업체 등 제삼자에게 영향이 없을 경우 하자 있는 특허권을 보유하고 있더라도 아무런 문제가 없습니다. 그런데, 하자 있는 특허권으로 인해 경쟁업체가 시장에 진입하기 어렵다거나, 이로 인해 다른 주체가 특허권을 취득할 수 없는 상황이 발생할 수 있습니다. 이 경우, 경쟁업체는 하자 있는 특허권의 존속 기간이 만료될 때까지 그냥 기다릴까요?

특허법은 하자가 있는 특허권을 소멸시키기 위한 제도를 규정하고 있습니다("무효심판제도"라고 합니다). 하자가 있는 특허권에 의해 경제 활동 또는 특허권의 획득이 방해받을 경우, 제삼자는 하자가 있는 특허권을 공격하여 소멸시키겠지요.

앞에서 설명해 드린 것처럼 특허권은 공개를 전제로 합니다. 따라서, 모든 사람이 원할 경우 언제든지 특허권을 확인하고 하자가 있는지 여부를 판단할 수 있기 때문에, 특허권은 하시라도 무효가 되어 소멸될 위험을 내포합니다.

다. 기술의 공개

특허 제도의 목적은 기술공개를 통한 산업발전에 있다고 앞에서 설명해 드렸습니다. 즉, 특별한 경우를 제외하면 출원, 등록된 특허권은 공개됨이 원칙입니다. 이는 누구라도 공개된 기술을 열람하여 활용할 수 있다는 것을 의미합니다.

특허권은 "무체재산권"에 해당한다고 설명해 드렸죠? 그 말인즉슨, 특허권의 침해는 매우 쉽게 발생할 수 있으나 그 침해를 발견하고 입증하는 것은 매우 어렵다는 것이지요.

앞의 사례에서, A가 개발한 스마트폰의 핵심은 내부에 있는 회로 배치 구조에 있다고 가정해 봅시다. 그렇다면, 실제 시장에서 소비자가 제품을 구매하는 과정에서는 D사가 A의 특허권을 침해했는지 여부에 대해 인지하기 극히 어렵습니다. D사가 A의 특허권을 침해했는지를 판단하기 위해서는, D사가 제조, 판매하는 수많은 스마트폰을 일일이 분해하고, 내부 구조를 대조해 보는 수밖에 없는 것이지요.

따라서, 산업발전이라는 목적하에는 특허권을 취득하고자 하는 기술의 공개가 원칙이나, 이것이 특허권자에게 항상 이익이 되는 것은 아니라는 것을 염두에 두셔야 합니다.

특허 제도 활용이
유리한 주체

강민우

   특허법에 따르면, 발명을 한 자에게 주어지는 권리, 즉 특허권으로 발명을 보호하기 위한 절차를 진행할 수 있는 권리를 "특허를 받을 수 있는 권리"라고 규정합니다. 또한, 특허법은 특허를 받을 수 있는 권리는 발명자 및 그 승계인에게 인정됨을 규정합니다.

   따라서, 특허권을 부여받기 위해서는 법인이 아닌 자연인, 즉 생명을 가지고 사회생활을 영위할 수 있는 주체여야만 합니다. 자연인이라면, 나이의 고저, 성별, 직업 등은 문제가 되지 않습니다.

   이하에서는, 발명자로서 특허 제도를 활용함이 유리한 주체를 일반인, 학생, 연구원, 스타트업으로 분류하여 설명해 드리겠습니다.

1. 일반인

 발명의 동기는 특별한 곳에서 발생하는 것이 아닙니다. 일상생활 중 느끼는 불편을 개선하기 위한 방안을 생각해 보는 것에서 발명이 시작됩니다. 또는, 이미 존재하는, 서로 다른 기능을 갖는 물건들을 결합하여 새로운 물건을 만들어 내는 것, 이 또한 발명이라고 할 수 있지요.

 예를 들어, 양치질을 할 때 칫솔질만 하는 경우도 있겠으나 치실 등을 이용하여 치간의 세척도 진행하는 경우가 있습니다. 칫솔과 치실이 별도로 구비되는 경우가 일반적이기에, 위와 같은 경우에는 칫솔과 치실을 따로 보관하고, 보관된 위치를 일일이 기억해야만 합니다.

 이러한 불편을 해소하고자, 가정주부 A는 내부에 치실이 수납된 칫솔을 생각해 냅니다. 치실을 감을 수 있도록 칫솔의 내부에 릴을 설치하고, 치실을 리필할 수 있게 만들어서 경제성도 고려하였지요.

 A와 그 가족들은 아주 유용하게 개발된 칫솔을 사용합니다. 그러던 중 이웃의 B가 놀러 왔다가 칫솔을 발견하고 자초지종을 묻습니다. B는 생활용품을 제조 판매하는 회사에서 근무하는 사람으로, A에게 해당 칫솔을 자신이 근무하는 회사에 판매할 것을 제안합니다.

 나중에 설명하겠지만, 기술 이전 시 특허권이 반드시 필요한 것은 아닙니다. 다만, 해당 기술에 대한 특허권을 획득할 경우, A는 법적으로 보장되는 독점권을 부여받았음을 근거로, 보다 유리한 지위에서 협상을 이끌어 낼 수 있겠지요.

 또는, A는 개발된 칫솔을 바탕으로 사업을 진행할 수 있습니다. 이 경우 공장과 설비를 짓고, 부지를 확보하는 등 많은 비용이 요구되겠죠? A는 칫솔에 대해 부여받은 특허권을 담보로 하여 금융기관으로부터 대출을 받을 수 있습니다. 이때, 별다른 담보 없이 대출을 받는 경우에 비해, 더 유리한 조건의 대출 계약 체결이 가능하겠죠.

2. 학생

우리나라의 경우, 산업적으로 인적 자원이 가장 중요함은 익히 알려진 사실입니다. 이에, 국가적인 차원에서 과학전람회, 발명 경진대회 등 다양한 형태로 발명을 장려하기 위한 행사가 매해 개최되고 있지요. 또한, 기업적인 차원에서도, 우수한 기술 또는 인재를 발견하고 이를 이용하여 이윤을 극대화하기 위해, 정기적 또는 비정기적으로 발명과 관련된 행사가 진행되고 있습니다.

보통, 위와 같은 행사들은 학생을 대상으로 합니다. 새로운 지식들을 습득해 나가는 과정에 있는 학생들이, 이미 기존 질서에 편입되어 사회생활을 영위하는 일반인들에 비해 보다 유연한 사고를 할 수 있기 때문이 아닐까 합니다.

학생의 신분으로 발명을 하여 그 가치를 인정받을 경우, 상술한 다양한 대회 등에 입상하여 학교생활기록부에 긍정적인 내용을 추가할 수 있겠지요. 또한, 이러한 대회는 통상 현금, 해외연수 지원, 입사 시 가산점 부여 등 다양한 형태의 부상이 부여됩니다.

따라서, 학생이 특허권을 취득할 경우 추후 상급학교에의 입시 전형 또는 기업 입사 시 가산점을 부여받을 수 있고, 함께 수여되는 부상을 통해 경제적인 보상 또한 제공받을 수 있습니다.

한편, 학생의 경우 발명을 특허권으로 획득하기 위한 절차 진행에 요구되는 금전적인 비용을 충당하기 어려울 수 있습니다. 이에, 우리 특허법에서는 학생의 경우 특허청에 납부할 비용("관납료"라고 합니다)을 감면해 주는 규정을 두고 있습니다. 또한, 대한변리사회에서는 "공익 변리 활동"이라고 하여, 학생 등 경제적 여건이 녹록지 않은 분들을 대상으로 무료로 특허권 획득 절차를 진행해 주는 활동을 수행하고 있지요.

3. 연구소, 기업 등의 연구원

연구원이 독자적으로 연구를 진행하는 경우는 드물고, 대부분 연구소, 대학교, 기업 등에 소속되어 연구를 진행하는 것이 일반적일 것입니다. 이 경우, 연구원 B가 연구를 위해 연구소, 대학교, 기업 등으로부터 필요한 자재, 기구 등의 자원을 제공받게 되겠죠. 이후, 연구원 B가 발명을 하고 이에 대한 특허권을 취득하게 되면 그 권리관계를 어떻게 될까요?

발명자는 연구원 B이므로 특허권은 연구원 B에게 귀속됨이 원칙입니다. 다만, 발명을 위해 연구소, 대학교, 기업 등에서 제공한 자원을 활용한 바 있으므로, 연구소, 대학교, 기업 등에게도 일정한 권리를 부여하는 것이 합리적이겠지요.

이에, 우리 특허 제도는 "발명진흥법"을 별도로 규정하여, 소속 기관의 구성원이 발명을 진행하여 특허권을 획득한 경우 권리관계를 규율하고 있습니다. 이에 따르면, 계약 등에 의해 연구원 B의 발명에 대한 특허를 받을 수 있는 권리는 B가 소속된 연구소, 대학교, 기업 등으로 이전되되, B는 일정한 보상을 받을 권리를 부여받습니다.

따라서, 연구원 B가 발명을 하여 특허권을 취득할 경우, 연구원 B는 기합의된 계약에 따라 금전적인 보상을 받을 수 있습니다. 또한, 연구원 B가 발명하여 특허권을 획득한 것은 그 직무에서의 성과라고 볼 수 있으므로, 이는 인사 평가에도 긍정적인 영향을 줄 수 있겠지요.

4. 스타트업

일반적으로 스타트업은 소수의 핵심 기술을 기반으로 창업하여 사업을 진행합니다. 이때, 스타트업 C가 개발한 기술이 강력하게 보호되기 위해서는 특허권을 활용하는 것이 가장 이상적입니다. 즉, 다른 스타트업들은 스타트업 C의 특허권을 회피해야만 하므로, 스타트업 C는 시장에서 보다 유리한 위치를 선점할 수 있습니다.

또한, 앞서 설명된 바와 같이, 스타트업 C의 특허권은 기술 및 기업 홍보를 위해 활용될 수 있습니다. 마찬가지로, 스타트업 C의 특허권은 금융기관에 담보로 제공되어, 스타트업 C의 사업 개시 또는 확장 등을 위해 필요한 자금 조달에 도움이 될 수 있지요.

  또한, 스타트업이 어느 정도 성장한 후 M&A를 통해 막대한 경제적 이익을 얻는 경우를 기사를 통해 접하셨으리라 생각합니다. 이때, 스타트업의 가치 평가 시 보유한 특허권의 개수 및 각 특허권의 가치가 일정 부분 영향을 미칩니다. 즉, 넓은 권리범위를 확보한 특허권을 여러 개 보유하고 있다면, 기업 매각 시 더 좋은 평가를 받을 가능성 또한 있는 것이지요.

특허 제도와 유사한
다른 제도 소개

강민우

일상생활에서는 특허뿐만 아니라 실용신안, 디자인, 상표 등 유사한 용어를 쉽게 접할 수 있습니다. 특히, 특허, 실용신안, 디자인, 상표 등을 혼용하여 사용하는 경우가 종종 발견됩니다. 어느 경우라도, 위에 나열된 것들이 영업 또는 마케팅에 도움이 되기 때문이겠지요.

그런데 주의할 점은, 경우에 따라서는 이들을 혼용함이 특허법상에 규정된 허위표시에 해당되어 처벌의 대상이 될 여지가 있다는 것입니다. 물론, 우리 특허법은 허위표시가 성립하기 위해 일정한 요건을 정해두고 있으므로, 해당 요건에 부합하지 않는 한 혼용 자체로 인해 처벌을 받는 경우는 드물다고 할 수 있겠네요.

그렇다면 특허 제도에 대해 알아보고 있는 이 기회를 빌려, 유사한 개념에 대해 함께 설명해 드리는 것이 추후 전개될 논의를 이해하기에 보다 유리할 것으로 생각됩니다.

1. 특허 제도와 다른 제도의 공통점

특허 제도의 궁극적인 목적은 산업발전에 이바지함에 있습니다. 유사하게, 실용신안, 디자인, 상표 또한 산업발전에 이바지함을 궁극적인 목적으로 합니다. 따라서, 업계에서는 상기 제도들에 대해 규정하는 법률들을 통칭하여 "산업 입법"이라고 합니다. 문자 그대로 산업발전에 이바지하기 위해 입법되었다는 것이지요.

또한, 실용신안, 디자인, 상표 역시 각 제도에서 규정하는 요건을 만족할 경우, 특허청에 등록함으로써 독점권(즉 혼자서만 사용할 수 있는 권리)과 배타권(즉 다른 사람은 사용하지 못하게 할 수 있는 권리)을 확보할 수 있습니다.

더불어, 실용신안, 디자인, 상표 역시 각 제도에서 규정된 기간 동안 독점권과 배타권이 인정된다는 점 역시 특허 제도와 유사한 점이라고 할 수 있겠습니다.

특히, 실용신안의 경우 그 대상 및 보호 기간 등 세부 내용이 특허와 일부 차이가 있으나, 거의 유사합니다. 이에, 우리 특허법 및 우리 실용신안법은 서로 간에 호환성을 인정하는 규정(이를 "변경출원"이라고 합니다)을 두고 있는데, 이에 대해서는 뒤에서 상세하게 살펴보겠습니다.

2. 특허 제도와 다른 제도의 차이점

가. 실용신안과의 비교

실용신안의 경우, 그 보호 대상을 "고안"으로 한다는 점에서 특허와 차이가 있습니다. 특허는 통상의 물건뿐만 아니라 조성물 등 미세한 크기의 물질, 제조 방법, 제어 방법, 사용 방법 등 보호 대상이 광범위합니다.

이에 비해, 실용신안에서 규정하는 고안은 그 대상이 "물건"으로만 한정됩니다. 따라서, 물질, 방법 등에 대한 보호는 특허를 통해 보호해야 하며, 실용신안의 보호 대상이 될 수는 없습니다.

실용신안은 권리로 보호해 주는 요건에 있어서도 특허와 차이가 있습니다. 특허의 경우, 이전에 공개된 기술들로부터 용이하게 발명할 수 없을 것(이를 "진보성"이라고 합니다)을 등록 요건 중 하나로 합니다.

실용신안의 경우, 이전에 공개된 기술들로부터 "극히" 용이하게 발명할 수 없을 것을 요건으로 하여, 그 판단 기준이 완화됩니다. 따라서, 특허출원 진행 중 진보성이 문제가 되어 도저히 극복이 어려울 경우, 변경출원을 통해 실용신안으로 등록을 도모하는 것 또한 하나의 전략이 될 수 있지요.

실용신안은 보호 기간에 있어서도 차이가 있습니다. 특허의 경우 보호 기간의 시작일은 설정등록일이고, 보호 기간의 종료일은 출원일로부터 20년이 되는 날입니다. 반면, 실용신안은 보호 기간의 시작일은 설정등록일로 동일하나, 보호 기간의 종료일은 출원일로부터 10년이 되는 날로, 그 기간이 다소 짧습니다.

나. 디자인과의 비교

디자인의 경우, 그 보호 대상을 물건의 "디자인"으로 합니다. 즉, 디자인은 물건 자체를 보호하는 것이 아닌, 물건의 디자인을 보호하는 제도입니다. 통상 디자인은 시각적으로 인지되겠죠? 따라서, 디자인은 기본적으로 물건의 외형에 나타난 미감, 즉 미적 감각을 보호함을 원칙으로 합니다.

그런데, 이러한 미적 감각은 글보다는 그림을 통해서 더 쉽게 인식할 수 있겠죠. 그래서 디자인은 그 보호 범위가 "도면"에 의해 정해집니다. 청구범위에 기재된 내용에 의해 보호 범위가 정해지는 특허나 실용신안과 가장 큰 차이라고 할 수 있습니다.

따라서, 디자인을 등록받기 위해서는 기술적인 특징이 요구되지 않습니다. 단지, 보았을 때 미감이 생길 수 있다면 기술적 특징이 있는지 여부와 무관하게 디자인 등록이 가능합니다.

등록된 디자인의 보호 기간의 시작일은 설정등록일이고, 보호 기간의 종료일은 출원일로부터 20년이 되는 날로, 특허와 동일합니다.

다. 상표와의 비교

앞서 살펴본 실용신안과 디자인은 고안자 또는 창작자를 보호함을 주목적으로 한다는 점에서 특허와 유사합니다. 이에 반해, 지금부터 설명해 드릴 상표의 경우 보호하고자 하는 주체가 상이합니다.

상표는 흔히 제품 또는 서비스의 출처를 표시하기 위해 사용됩니다. 가령, "아이폰"이라는 상표는 이 스마트폰이 애플사에 의해 제조되었음을 나타내지요. 마찬가지로 "제네시스"라는 상표는 이 차량이 현대자동차사에 의해 제조되었음을 나타냅니다.

그러면, 아이폰과 제네시스는 그 상표가 만들어지자마자 수요자들이 이를 애플사와 현대자동차사의 출처를 나타냄으로 인식할 수 있었을까요? 그렇지 않습니다. 애플사와 현대자동차사는 수요자에게 아이폰과 제네시스를 자사의 제품에 대한 출처로 인식시키기 위해, 수많은 시간과 비용을 투여하여 광고, 마케팅, 영업 등을 수행하였겠지요.

즉, 상표에는 ① 제품 또는 서비스를 제공하는 업체가 상표를 알리기 위한 노력과, ② 해당 상표가 사용된 제품 또는 서비스는 특정 업체에 의해 제공된다는 수요자의 믿음, 이 두 가지 가치가 공존합니다. 상표제도는 저 두 가지 가치를 모두 보호함을 목적으로 합니다.

따라서, 상표제도는 그 등록을 위한 요건으로 신규하거나 진보할 것, 또는 아름다울 것 등을 요구하지 않습니다. 이미 존재하는 기호, 문자, 도형 등이 그것이 제품 또는 서비스의 제공 주체를 나타낼 수 있다면, 상표의 등록이 가능합니다.

다만, 살펴본 바와 같이 상표제도는 위의 두 가지 가치 보호를 최우선 과제로 합니다. 따라서, 등록된 상표권이 저 두 가지 가치의 보호에 상충할 경우, 상표제도는 저 두 가지 가치의 보호를 우선합니다.

이는, 상표가 한번 사용되고 알려지면, 상표권자라는 개인적인 영역에서 벗어나 수요자라는 사회적인 영역으로 그 효력이 확장되기 때문입니다. 따라서, 상표제도는 거래 질서의 유지라는 공익적 목적을 중요한 가치로 두고 있어, 부정경쟁방지법에 유사한 성격을 갖는다고 할 수 있겠습니다.

특허절차
용어 및 효과

강민우

특허 제도는 그 목적을 달성하기 위한 수단으로, 다양한 절차를 법으로 정하고 있습니다. 다만, 각 절차를 지칭하는 용어가 일상생활에서는 쉽게 접하기 힘든 경우가 대부분입니다. 그래서, 특허 제도와 관련된 이야기를 할 때 서로 다른 의미를 갖는 용어가 구분되지 않고 혼용되는 경우가 종종 발생합니다. 이에, 특허 제도를 활용할 때 접할 수 있는 다양한 절차에 대한 정의와 해당 절차의 효과에 대해 간단하게 알아보고자 합니다.

1. 출원

출원, 혹은 특허출원은 이 발명에 대해 특허권을 부여해 달라고 특허청에 관련 서류를 제출하는 절차를 의미합니다. 이때, 관련 서류를 "출원서"라고 하지요.

출원은 서면 또는 전자적인 형태로 진행할 수 있습니다. 특히, IT 강국답게 우리나라는 특허로 사이트[02]에서 출원, 등록 및 등록 후 유지를 위한 모든 절차를 진행할 수 있습니다.

출원은 특허법에서 정해진 요건을 만족해야만 효과가 발생합니다. 예를 들어, 출원을 진행하기 위해서는 출원 진행 및 그 결과에 대해 이해하고 대응할 수 있는 능력(이를 "행위능력"이라고 합니다)이 있는 사람이어야만 합니다.

또한, 출원은 "출원서"를 국가 기관은 특허청에 제출하는 행위입니다. 국가에 제출하는 서류는 통상 정해진 서식이 있는 경우가 일반적이죠? 출원서 역시 정해진 서식에 맞춰 필요한 항목을 기재하여 제출하여야 합니다.

출원서가 특허청에 제출되면, 특허청은 먼저 출원서가 정해진 바에 따라 작성되었는지를 확인합니다. 출원서가 잘 작성된 경우, 특허청은 출원 자체가 법으로 정해진 절차에 따라 진행되었는지를 심사합니다(이를 강학상 "방식 심사"라 합니다).

출원서가 잘 작성되지 않은 경우, 특허청은 기간을 정하여 미비한 부분을 보완할 것을 통지(이를 "보정 명령"이라고 합니다)하지요. 출원서

---
02 www.patent.go.kr

가 제대로 보완되면, 방식 심사 단계로 진행되고, 출원서가 제대로 보완되지 않으면 출원서를 되돌려 보냅니다(이를 "반려"라 합니다).

그렇다면, 출원서 및 출원이 정상적으로 진행된 경우 어떠한 효과가 발생할까요?

먼저, 출원일자 및 출원번호가 부여됩니다. 출원일자는 제대로 작성된 출원서가 적법한 절차에 따라 제출된 날짜로, 이후 살펴볼 선출원주의의 판단 기준이 됩니다. 즉, 동일한 발명이 출원된 경우 출원일자가 앞서는 발명만이 특허를 받을 수 있게 됩니다.

또한, 출원일을 비교하였을 때 그 공지 시점이 출원일보다 앞선 자료만이 특허요건의 하나인 신규성 및 진보성의 판단의 근거로 활용될 수 있습니다.

출원번호는 해당 출원을 관리하기 위해 특허청에서 부여하는 번호입니다. 통상 "권리의 종류"-"출원연도"-"해당 연도에 제출된 순번"에 따라 출원번호가 부여됩니다.[03] 출원번호가 부여된 경우, 해당 출원은 나중에 살펴볼 우선권 주장 출원의 근거로 활용될 수 있지요.

다만, 출원이 적법하게 진행되었다는 것만으로 어떤 권리가 발생하지는 않습니다. 출원을 근거로 권리를 행사하기 위해서는, 아래에서 설명해 드릴 설정등록이 필요합니다.

---

03 예를 들어, 10-2022-0134230 등입니다.

2. 출원공개

앞에서 살펴본 바와 같이, 특허 제도는 발명의 "공개"를 전제로 독점권과 배타권을 부여합니다. 따라서, 특허 제도는 일부 예외를 제외하고는 출원된 발명은 강제로 공개하는 제도를 두고 있는데, 이를 "출원공개"라고 합니다.

출원공개는 출원일을 기산일로 하여 1년 6개월 이후에 공개됨을 원칙으로 합니다. 출원공개는 특허청에서 공개특허공보 또는 공개실용신안공보를 발행함으로써 진행됩니다.

출원공개가 된 발명에는 어떠한 효과가 부여될까요?

먼저, 출원공개된 발명은 특허법상 "공지기술"의 지위를 가집니다. 즉, 해당 발명이 출원공개된 경우, 특허청은 다른 발명의 심사 과정에서 신규성 또는 진보성을 부정하기 위한 근거로 해당 발명을 활용할 수 있습니다.

또한, 출원공개는 "공개"이기 때문에, 발명자나 출원인이 아닌 다른 사람이 정당한 권리 없이 해당 기술을 몰래 실시하여 이익을 취할 위험이 상시 존재합니다. 이에, 우리 특허법은 출원공개에 따른 불이익을 보상해 주기 위해, "보상금청구권"이라는 권리를 인정합니다.

구체적으로, 출원공개 후 정당한 권리가 없는 제삼자가 해당 기술을 "업"으로서 실시한 경우, 출원인은 경고 등의 조치를 취한 후 출원이 설정등록될 때까지의 기간 동안의 경제적 이익에 대한 보상을 청구할 수 있습니다.

따라서, 출원공개 역시 그 자체만으로는 어떠한 권리를 행사할 수는 없고, 설정등록이 되어야만 권리를 행사할 수 있는 것이지요.

3. 설정등록

출원된 발명이 다양한 요건을 모두 만족하여, 이 발명에 대해서는 특허권을 허여해도 되겠다는 특허청의 판단을 "등록결정"이라고 합니다. 그런데, 특허 제도는 국가에 수수료를 납부하고 특정 기간 동안 독점권, 배타권을 부여받는 제도라고 설명한 적이 있습니다.

따라서, 출원발명이 등록결정이 되더라도, 그 자체만으로 특허권이 발생하지는 않습니다. 특허권을 발생시키기 위해서는 등록결정과 함께 통지되는 "설정등록료"를 납부하고, 관련 절차를 진행하는 행위가 필요한데요. 이를 "설정등록"이라고 합니다.

출원이 설정등록되면 특허권이 발생하고, 설정등록일은 특허권이 발생되는 기산일이 됩니다. 또한, 설정등록 이후에는 권리에 하자가 있더라도, 법적 절차를 거쳐 무효가 되기 전에는 유효한 권리로 존속하게 됩니다. 따라서, 설정등록 이후 출원인의 지위는 특허권자의 지위로 바뀌고, 특허권자는 설정등록된 특허권에 기하여 다양한 형태로 권리를 행사할 수 있게 되지요.

또한, 설정등록이 되면 해당 특허권을 기초로 만들어진 제품에는 특허등록되었음을 표시할 수가 있습니다. 통상, 등록특허번호를 기입하거나, ⓡ(Registered)을 붙이는 방식으로 표시를 하지요.

4. 등록공고

등록공고는 출원발명이 심사 등 적법한 절차를 거쳐 등록되었음을 알리는 제도입니다. 등록공고는 특허청에서 등록공보를 발행하는 형태로 진행되는데, 등록공보에는 발명자, 출원인, 출원일자, 출원공개일자, 우선권 여부 등 특허발명과 관련된 다양한 정보가 함께 기재됩니다.

등록공고와 출원공개는, 출원 대상이 되는 명세서 및 도면에 그 차이가 있습니다. 즉, 출원공개의 경우, 이후 보정 여부와 무관하게 최초 출원된 명세서 및 도면이 공개됩니다. 반면, 등록공고의 경우 설정등록된 시점에서의 명세서 및 도면이 공개됩니다.

따라서, 통상 한 개의 출원은 출원공개공보 및 등록공보가 모두 발행됨이 일반적이고, 심사 과정에서 등록을 위한 보정이 수행됨을 고려하면 출원공개공보와 등록공보는 일부 차이가 발생할 수 있습니다. 물론, 특허권의 권리범위는 등록공보에 기재된 특허청구범위에 의해 정해지지요.

이상 비슷하지만 서로 다른 출원, 출원공개, 설정등록 및 등록공고의 유사점과 차이점에 대해 간단하게 살펴보았습니다. 실제 사업을 진행하는 관점에서, 단계별로 제품에 표시할 수 있는 문구를 정리하면 다음 표와 같습니다.

	출원	출원공개	설정등록	등록공고
"특허출원"	○	○	○	○
"심사단계"	△	△	○	○
"특허등록"	X	X	○	○

여기서 "○"는 아무런 문제가 없음을, "△"는 문제가 될 여지가 있음을, "X"는 문제가 됨을 의미합니다("심사단계"라는 문구의 경우, 심사청구는 출원과 동시에 진행될 수도, 출원공개 이후에 진행될 수도 있기 때문입니다).

제2장

대리인

나 홀로
출원과 변리사

이용훈

　새로운 기술에 대해 특허를 받고 싶다면, 특허법에 따른 특허에 관한 절차를 밟아야 합니다. 이를 위에서 살펴본 특허출원이라고 부릅니다. 특허출원은 발명자 또는 그 승계인이 특허청에 대하여 그 특허를 요구하는 행위인데, 일정 절차를 따라야 하고 특정 서류를 구비하여야 합니다. 이러한 특허출원은 나 홀로 진행할 수도 있고, 변리사를 선임하여 진행할 수 있습니다.

1. 나 홀로 출원

발명자 또는 그 승계인은 특허출원을 스스로 할 수 있습니다. 그런 경우를 "나 홀로 출원"이라고 부릅니다. 나 홀로 출원을 하려면 특허출원 절차와 구비 서류에 대한 지식이 어느 정도 있어야 합니다.

일반적으로, 특허출원은 아래와 같은 순서에 따라 절차가 진행됩니다.

> 선행기술조사 → 특허고객 번호부여신청 → 명세서/서식작성
> → 제출서류준비 → 접수 및 출원번호통지서 수령 → 수수료납부
> → 심사청구 및 심사 → 등록료 납부

선행기술조사? 명세서? 심사청구? "특허"란 용어 자체도 생소한데, 특허출원 절차에서의 각각 절차가 무엇인지, 어떻게 해야 하는지 감도 안 잡힌다고요? 특허받는 것 포기해야 할까요?

그래서 특허청은 전자출원/관리 사이트인 특허로[04]에서 나 홀로 출원을 위해 작성 사례, 특허출원가이드, 개인출원도움맵 등에 대한 정보를 제공하고 있습니다. 이곳에서 특허절차를 확인하고, 필요한 서류를 손쉽게 다운로드 받을 수 있으며, 서류 작성법 등을 습득할 수 있습니다.

---

04 https://www.patent.go.kr/

| 특허로, 참고자료

사례

대학생인 철수는 자신의 발명품으로 특허를 받고 스타트업을 하려고 합니다. 우선, 특허를 받아야 하는데, 특허에 대해 아는 바가 전혀 없었습니다. 주변 친구들한테 물어보니 특허사무소를 찾아가 보라고 합니다. 그래서 학교 근처 특허사무소를 찾아가 봤는데, 특허출원을 진행하기 위한 비용으로 너무 비싼 금액을 요구하기에 부담스러워 나옵니다. 특허사무소에선 나 홀로 출원도 가능하다며, 특허로라는 사이트를 알려 주었습니다. 철수는 특허로 내 개인출원도움맵을 이용하여 대리인 없이 특허출원을 준비해 보기로 합니다.

2. 변리사

변리사는 특허 등 지식재산권에 관한 사항을 대리 등을 업으로 하는 법률 대리인이고, 특허법인, 특허법률사무소, 법률사무소, 법무법인에 근무하는 경우가 많습니다. 법률 대리인은 보통 문과 출신이 많은데, 변리사는 기술과 법률을 다루는 업무 특성상 이과 출신이 대다수입니다.

> 변리사법 제2조 (업무) 변리사는 특허청 또는 법원에 대하여 특허, 실용신안, 디자인 또는 상표에 관한 사항을 대리하고 그 사항에 관한 감정(鑑定)과 그 밖의 사무를 수행하는 것을 업(業)으로 한다.

변리사는, 의뢰인을 대신하여 복잡한 특허출원 절차를 진행하고 그 절차를 의뢰인에게 보고하고, 의뢰인이 제공한 발명을 기초로 발명의 설명을 담은 명세서 등과 같은 서류를 꾸며 줄 뿐만 아니라, 최종적으로 발명이 특허등록이 될 수 있도록 법률적 관점에서 특허출원을 도와줍니다.

변리사를 선임할 경우 자신의 발명기술 분야와 변리사의 기술 분야가 일치하는지 여부를 살펴보시면 좋을 것 같습니다(예컨대, 자신의 발명이 기계 장치라면, 변리사 선임 시 전공이 기계전공인지, 최근 담당 업무에 기계 장치 업무가 있는지 여부를 확인해 볼 필요가 있습니다). 그래야 변리사가 의뢰인의 발명을 정확하게 이해하고 법률적 관점에서 검토하여 특허출원 절차를 진행할 수 있기 때문입니다.

> **사례**
>
> 대학생인 철수는 자신의 기계 장치 발명을 특허받고 사업을 하려고 합니다. 특허에 대해 아는 바가 전혀 없어, A 특허법률사무소 기계 분야를 담당하고 있는 변리사를 선임하여 특허출원 절차를 진행하기로 하였습니다. 철수는 변리사에게 발명을 설명하고, 수차례 의견 교환을 하였습니다. 외국 여행을 떠나기로 한 철수는 공항에서 변리사에게 다음과 같은 연락을 받습니다. "철수의 발명에 대해 특허출원 및 심사청구를 하였으며, 1차 심사결과는 나오면 알려 드리겠다. 또한, 심사결과에 대한 대응방안 등은 추후 상의드리겠다." 그야말로 철수는 특허절차를 모두 변리사에게 맡기는 것이고, 변리사의 조언에 따라 의사 결정만 하면 되는 것이죠(대리인 비용은 좀 들겠네요). 그래도 여행에서 돌아올 때쯤 특허등록이 되어 있을 것 같은 기분이 드네요. 예상보다 빠르게 사업을 시작할 수 있겠어요.

변리사와 변호사

이용훈

변리사는 특허청 또는 법원에 대하여 특허 등에 관한 사항을 대리할 수 있고 소송대리인이 될 수도 있습니다(변리사법 제2조, 제8조). 한편, 변리사가 아닌 자는 변리사법 제2조에서 규정한 대리 업무를 할 수 없습니다(변리사법 제21조). 즉, 변리사법에 따르면 특허 등에 관한 사항은 나 홀로 출원 등이 아닌 이상, 변리사를 통하여 업무를 처리해야 합니다.

그런데, 일반적으로 법률적 이슈가 발생하면 변호사 사무실에 찾아가는 경우가 많습니다. 그렇다면 특허 등에 대한 사안은 누굴 찾아가야 할지 의문이 생깁니다. 특허 등에 관한 모든 사안은 변리사를 찾아가면 될까요? 아님, 특허도 엄연히 법률적 사안이니 변호사를 찾아가면 될까요?

특허 등에 관한 업무가 어떤 것이 있는지, 그리고 변리사와 변호사가 할 수 있는 업무는 무엇인지 등을 대략 정리하면 아래 표와 같습니다.

업무	변리사	변호사
특허청에 대하여 출원 대리	O	X
특허심판원에 대하여 심판 대리	O	X
법원에 대하여 심결취소소송 대리	O	O
법원에 대하여 침해소송 대리	X	O
기타 민사, 형사소송 대리	X	O

변리사는 특허청에 대하여 출원대리(예컨대, 명세서 작성, 심사 대응, 등록 업무 등), 특허심판원에 대하여 심판대리(예컨대, 심사결정을 다투는 거절결정불복심판, 등록의 유무효를 다투는 무효심판, 권리범위 속부를 다투는 권리범위확인심판에 대한 심판대리 등)를 할 수 있습니다. 또한(헌재결정례에 따라) 특허심판원의 심결을 다투는 심결취소소송에 한하여 소송대리를 할 수 있습니다.

변호사는 법원(예컨대, 민형사사건(침해소송), 심결취소소송 등)에 대해 소송대리인이 될 수 있습니다만, 특허청과 특허심판원에 대하여 대리할 수 없으므로 앞서 언급한 출원/심판 업무를 할 수 없습니다.

따라서 특허 등에 대한 업무에 있어서 변리사를 찾아가는 것이 일반적이겠습니다만, 특허권 등에 기초하여 곧바로 민형사상 조치를 취하고 싶다면 변호사를 찾아가셔야 할 것 같습니다.

사례

01) 특허출원 또는 특허심판을 진행하고 싶다면 변리사와 진행하면 됩니다. 변호사를 찾아가더라도 도움을 받을 수 없습니다. 특허 등에 대한 법률 이슈는 변리사와 상담하면 좋을 것 같습니다. 반면, 특허침해 등에 대해 민형사상 조치를 취하고 싶다면, 변호사의 조력을 받으시면 될 것 같습니다. 다만, 특허는 다른 법률 이슈에 비해 기술 이슈, 특허법만의 독특한 법리 등(일반적인 민형사사건과 달리) 복잡한 사안이 많기 때문에, 변호사와 변리사가 함께 일하는 법률사무소나 법무법인을 찾아가는 것이 바람직할 것 같습니다.

02) 최근 대법원은 2017두68837 사건에서 법무법인도 특허청에 대한 대리 업무를 수행할 수 있다고 판단했습니다만, 이 경우 역시 "변리사 자격을 보유한 구성원 또는 소속변호사를 담당 변호사로 지정한 경우"에 한하여 허용한 것이어서, 변리사 자격 없이 특허청/심판원에 대한 대리 업무를 수행할 수 없습니다.

03) 현재 (민사)침해소송에서의 소송대리권 관련하여(의뢰인이 원한다면) 선택적으로 변호사와 변리사 공동대리를 할 수 있게 해주는 법안이 상정되어 있습니다. 이 결과에 따라 향후 기업들이 침해소송에서도 변리사의 조력을 받으며 소송을 진행할 가능성도 있겠습니다.

제3장

특허권의 획득

특허요건 1
: 총론

강민우

특허 제도를 활용하여 권리, 즉 특허권을 획득하기 위한 요건이 있을 텐데요. 특허법은 특허권을 부여받기 위한 조건을 인적 조건(이를 "주체적 요건"이라고 합니다) 및 물적 요건(이를 "객체적 요건"이라고 합니다)으로 나누어서 규정하고 있습니다.

이제부터 살펴볼 요건은 객체적 요건, 즉 발명이 특허발명으로서 보호받기 위해 필요한 요건입니다. 지금까지 살펴본 바와 같이 특허발명으로 보호받을 경우 얻을 수 있는 이익이 많기 때문에, 우리 특허법은 발명이 특허발명으로 인정받기 위한 요건을 규정하고 있습니다.

먼저, 객체적 요건으로 널리 알려진 것이 산업상 이용 가능성, 신규성 및 진보성입니다. 출원된 발명은 저 세 가지 요건을 인정받아야 특허발명으로 보호받을 자격을 부여받습니다.

물론, 저 세 가지 요건 이외에도 선출원, 확대된 선출원, 공공질서 또는 선량한 풍속 등에 어긋나지 않을 것 등의 요건이 있습니다만, 실무상 가장 문제가 되는 것은 산업상 이용 가능성, 신규성 및 진보성이기에, 이번 장에서는 이들을 차례로 다루어 보고자 합니다.

특허요건 2
: 산업상 이용 가능성

강민우

특허발명으로 인정받기 위해서는 "산업"상 "이용"이 "가능"해야 합니다. 특허 제도의 목적이 기술 발전을 통한 산업발전에 이바지함에 있음을 고려하면, 공개가 되었을 때 이용 가능한 발명만을 특허발명으로 인정해 주는 것이 당연하다고 할 수 있겠지요.

그렇다면, 산업상 이용 가능성은 무엇을 의미하는 것일까요? 이 요건의 명칭을 구성하는 단어들을 분설하여 산업상 이용 가능성을 설명해 드려 보겠습니다.

1. 산업

산업은 사회가 제대로 작동되기에 필요한 임의의 형태의 업을 의미합니다. 흔히 특허는 제조업에서 도출되는 경우가 많기 때문에 제조업, 혹은 공업만이 산업으로 이해하는 경우가 종종 있지요. 하지만, 우리 특허법에서 규정하는 산업은 최광의, 즉 가장 넓은 범위로 해석됩니다. 따라서, 농업, 어업 등의 1차산업, 제조업 등의 2차산업, 서비스업 등의 3차산업뿐만 아니라, 향후 주류를 이룰 것으로 기대되는 4차산업 역시 특허발명의 조건인 "산업"에 포함됩니다.

2. 이용

그렇다면 이용은 무엇일까요? 이용이라는 단어는 "이로울 이(利)"와 "쓸 용(用)"이 결합된 것입니다. 이용의 의미에 대해, 네이버 백과사전에서는 이용을 다음과 같이 정의하고 있습니다.

"대상을 필요에 따라 이롭게 씀"

따라서, 이용이라 함은 어떤 이익, 이로움을 얻기 위해 무언가를 쓰는 것으로 이해할 수 있겠습니다. 즉, 발명이 목적하는 효과가 달성되도록 발명을 쓰는 행위를 이용이라고 정의할 수 있겠습니다.

특히, 우리 특허법상의 이용은 나중에 설명해 드릴 "실시"와 같은 의미로 해석이 됩니다. 실시는 특허권의 침해 여부 판단 등 발명이 특허발명으로 등록이 된 후 매우 중요한 개념인데요. 이에 대해서는 나중에 따로 설명해 드릴 기회가 있을 것으로 기대합니다.

3. 가능성

일반적으로 특허발명이라고 하면 "기존에 없었던 것"을 새로 만들어 내거나, "기존에 있던 것"을 개량하는 형태로 이해하고 계실 거예요. 따라서, 모든 특허발명이 그 출원시점에 목적하는 효과가 달성되도록 이용되기는 어렵습니다.

보다 구체적으로 설명하면, 특허발명은 기존에 없거나 생각해 내지 못한 기술에 관한 것입니다. 또한, 특허발명은 반드시 해당 기술을 근거로 제조된 제품이 없더라도, 개념(이를 "기술적 사상"이라고 합니다)만으로도 등록이 가능합니다.

따라서, 경우에 따라서는 특허발명이 출원된 시점에서는 특허발명을 이용할 수 없는 상황이 발생할 수 있습니다. 해당 특허발명이 매우 가치 있고 혁신적인 것일수록, 출원시점에는 이용이 어려운 것이 당연하겠지요.

이에, 우리 특허법은 특허발명의 조건을 "이용"이 아닌 "이용 가능성"으로 규정하여, 가치 있고 혁신적인 기술, 즉 시대를 앞서간 기술들에 대해서도 특허발명으로 보호할 수 있는 장치를 마련하였지요. 여기서 주의하셔야 할 점은, 이용 가능성이란 요건을 오해하는 경우가 종종 발생한다는 것입니다.

예를 들어, 컵에 음각의 홈을 형성하고, 해당 홈에 다른 색상의 도료를 채워 넣어 컵의 외관을 아름답게 구성하는 기술을 고려해 보겠습니다. 이 기술이 특허출원되는 시점에 컵에 음각의 홈을 형성할 방법이 개발되지 않았다 하더라도, 홈을 형성하는 방법이 개발될 경우 이 기술은 바로 활용 가능하겠지요? 이에, 이 기술은 "이용 가능성"이 있다고 할 수 있습니다.

그런데, 기술이 "컵의 외관을 아름답게 구성하는 기술"로 끝났다고 해보겠습니다. 어떻게 구성하겠다, 어떻게 색상을 변경하겠다 등의 내용은 전혀 없어요. 이 경우, 홈을 형성하는 방법이 개발된다 하더라도, 이 방법을 컵의 외관을 아름답게 구성하는 기술이라고 할 수 있을까요? 이에, 이 기술은 "이용 가능성"이 없다고 할 수 있겠죠. 이와 같은 발명은 실무상 "미완성 발명"이라고 합니다. 즉, 아직 완성되지 않은 발명이다, 이런 뜻이지요.

산업상 이용 가능성은 우리 특허법이 규정하는 특허요건 중 가장 먼저 배치될 정도로 중요합니다. 다만, 일반적인 용어로 법적인 의미를 표현하고 있기 때문에, 이에 대한 정확한 이해가 어려운 것도 사실이지요.

특허요건 3
: 신규성

강민우

1. 신규성

출원된 발명이 특허발명으로 인정받기 위해서는 이전에 없었던 기술에 해당해야 할 것입니다. 설령, 출원된 발명이 이전에 없었던 기술에 해당한다 하더라도, 알려진 기술에서 쉽게 유추할 수 있는 것이라면, 이를 특허발명으로 인정해 주는 것이 부당하다고 할 수 있겠지요.

예를 들면, A가 출원한 발명이 음료수병에 대한 것이라고 가정해 보겠습니다. 이 발명의 특징은 뚜껑을 시계 방향으로 돌려서 병과 결합하고, 반 시계 방향으로 돌려서 병과 분리하는 것에 있다고 합니다. 즉, 편의점에 가면 쉽게 볼 수 있는 음료수병입니다. 이 경우, A가 출원한 발명은 이미 존재하는 기술과 동일하다고 할 수 있겠지요. 그렇다면 A가 출원한 발명이 특허발명으로 인정되어서는 안 되겠지요?

그런데, A는 자신의 발명은 뚜껑 모양이 직육면체 형상임에 특징이 있다고 주장합니다. 그런데 뚜껑이 직육면체 형상으로 변형된 형태는 화장품병에서 쉽게 찾아볼 수 있지요. 그렇다면, 화장품병의 뚜껑을 음료수병의 뚜껑에 적용하는 것이 어려운지 여부에 대한 판단이 들어가야 합니다.

직관적으로, 음료수병과 화장품병 모두 액체를 담는 용도로 사용되고, 뚜껑의 목적은 각 병에 담긴 액체가 넘치거나 흘러나오는 상황을 막음에 있습니다. 그렇다면, 화장품 병의 뚜껑을 음료수병의 뚜껑에 적용하는 것이 해당 업체 종사자에게 어렵다고 하기는 인정하기 쉽지 않겠지요. 따라서, 이 경우에도 A가 출원한 발명이 특허발명으로 인정되기는 어렵습니다.

즉, 신규성과 진보성은 출원된 발명이 "새로운 것"인지, 그리고 기존 기술에 비해 "발전된 것"인지 여부를 판단하는 기준입니다. 즉, 신규성과 진보성은 출원된 발명의 "내용"이 특허요건에 부합하는지 여부와 관련이 있기 때문에 흔히 "실체적 특허요건"이라고 지칭됩니다.

이하, "신규성"이 무엇인지, 신규성을 어떤 식으로 판단하는지에 대해 해당 규정의 내용을 분설하여 신규성에 대해 살펴보겠습니다.

2. 특허법 제29조 제1항

신규성은 특허법 제29조 제1항에 다음과 같이 규정되어 있습니다.

> 산업상 이용할 수 있는 발명으로서 다음의 각 호의 어느 하나에 해당하는 것을 제외하고는 그 발명에 대하여 특허를 받을 수 있다.
>
> 1. 특허출원 전에 국내 또는 국외에서 공지되었거나 공연히 실시된 발명
> 2. 특허출원 전에 국내 또는 국외에서 반포된 간행물에 게재되었거나 전기통신회선을 통하여 공중이 이용할 수 있는 발명

가. "산업상 이용할 수 있는 발명으로서 다음의 각 호의 어느 하나에 해당하는 것을 제외하고는"

"산업상 이용할 수 있는 발명으로서" 부분은 이전 글에서 살펴본 산업상 이용 가능성에 대한 내용임이 짐작되시겠지요? 다음으로, "다음의 각 호"라 함은 다음 문장에서 몇 개의 "호"가 나올 것임을 의미합니다. 또한, "어느 하나에 해당하는 것을 제외하고는"이라는 문장은 "다음의 각 호"에 해당되지 않는 경우를 의미하겠지요. 즉, 신규성은 "다음의 각 호"에 해당되지 않는 경우 인정된다는 뜻입니다.

나. "그 발명에 대하여 특허를 받을 수 있다."

앞서 살펴본 것과 같이, "다음의 각 호"에 해당하지 않을 경우 신규성이 인정되고, 그렇다면 그 발명은 특허발명으로 인정될 수 있다는 의미이겠지요.

다. "특허출원 전에 국내 또는 국외에서 공지되었거나 공연히 실시된 발명"

1) "특허출원 전에"

특허법은 신규성 상실의 시기적 기준을 "발명이 출원되기 전"으로 규정합니다. 즉, 발명이 출원된 이후에는 5)에서 설명될 "발명"이 이미 공개되었더라도 아무런 문제가 없습니다.

특히, 특허출원"일 전"이 아닌 특허출원 "전"으로 규정되었기 때문에, 시각주의, 즉 시·분·초까지 고려해야 하는 상황이 생깁니다. 예를 들어, A가 5월 3일 15시에 출원을 하였는데 동일한 발명이 5월 3일 12시에 공개되었다면 특허출원 "전"에 공개된 것이므로 A의 발명은 이 규정에 위배됩니다.

다만, 실무적으로는 출원된 시각과 공개된 시각의 선후관계가 애매한 경우 이 규정을 만족하는 것으로 처리하여, 출원인의 이익을 보호하고 있지요.

2) "국내 또는 국외에서"

특허법은 신규성 상실의 지역적 기준을 "국내 또는 국외"로 규정합니다. 즉, 한국뿐만 아니라 미국, 일본, 유럽 등 전 세계 어떤 국가에서 해당 발명이 공개되었더라도, 신규성을 부정하기 위한 근거로 활용될 수 있는 것이지요.

예전에는 신규성 상실의 지역적 기준이 국내만으로 한정되었던 시절이 있었습니다. 그런데, 국가 간의 무역이나 기술 교류가 활발한 글로벌 시대에 맞춰 지역적 기준이 변한 것이지요. 특허법이 기술 발전 상황 또는 시대적 상황을 빠르게 반영함을 알 수 있는 예라고 할 수 있겠습니다.

3) "공지되었거나"

"공지"란 "불특정인"이 "널리 알 수 있는 상태"에 놓여 있음을 의미합니다.

불특정인이란 비밀유지의무가 없는 사람, 즉 자신이 본 것을 다른 사람에게 알리거나 블로그 등에 올리더라도 아무런 문제가 없는 사람이에요. 따라서, 발명의 내용을 알게 된 사람이 기업 간 계약 당사자 등 비밀을 유지해야 하는 사람이라면 "불특정인"에 해당하지 않게 되겠죠.

이걸 보다 확실하게 하기 위해, 기업 간의 계약서에는 비밀유지조항이 들어가는 것이 일반적입니다. 널리 알 수 있는 상태라는 것은 위의 불특정인이 원하면 알 수 있는 "상태"를 의미합니다. 즉, 저 불특정인이 구체적으로 해당 문건을 살피고 "아, 이 발명은 이게 특징이구나."라고 인지하지 않더라도, 도서관 등 누구든지 열람할 수 있는 상태라면 널리 알 수 있는 상태라고 할 수 있어요.

4) "공연히 실시된"

"실시"라는 것은 발명의 목적에 맞게 발명을 생산, 사용하거나 판매 등을 하는 행위를 의미합니다. 따라서, 공연히 실시된다는 것은 발명이 실시되어서 위의 불특정인들이 알거나 알 수 있는 상태를 의미합니다.

예를 들어, 자동차 회사에서 휠을 새로 개발했습니다. 이 휠은 그 형상에 의해서 강도는 예전보다 현저하게 증가하고 무게는 훨씬 가볍습니다. 휠을 열심히 제작했으니 시험 주행을 해봐야겠죠? 이때 시험 주행이 "실시"에 해당합니다.

그런데 테스트 담당자가 휠을 완전히 드러낸 상태에서 도로를 주행합니다. 이제 불특정인들이 알 수 있는 상태가 되었습니다. 지나가던 행인들이 새로운 휠이 나왔네 하면서 열심히 구경합니다. 어떤 사람은 스마트폰을 꺼내 사진 촬영을 하고 바로 SNS에 업로드하죠. 이제 불특정인들이 아는 상태가 되었죠. 즉, "공연히 실시된"과 "공지되었거나"의 차이는, 해당 발명을 실시하는 과정에서 불특정인들이 알거나 알 수 있는 상태가 형성되었는지 여부에 있습니다.

5) "발명"

발명에 대해서는 이미 살펴봤는데 왜 이 단어를 분설했을까요? 이 규정에서 사용되는 "발명"이라는 단어는, 신규성 상실의 객체적 기준을 제시합니다. 즉, "발명"은 출원발명이 공지되었거나 공연히 실시된 발명과 "동일한지" 여부를 기준으로 신규성 상실 여부를 판단하는 근거가 됩니다.

먼저, "발명"이라는 단수적 표현으로 규정되었기 때문에, 신규성이 있는지 여부를 판단하는 근거, 즉 발명이 출원되기 전 공지된 기술("공지기술"이라고 합니다)은 단수 개만 제시될 수 있습니다. 앞의 예에서, 아무 무늬도 없는 원통과 나사 모양을 결합해서 A가 출원한 음료수병의 뚜껑의 신규성을 부정할 수는 없다는 것이지요.

또한, 이때의 발명은 완전히 동일한 발명뿐만 아니라 "실질적"으로 동일한 발명까지 포괄하는 의미로 사용됩니다. 이를 "실질적 동일성"이라고 하는데, 이 주제는 실무적으로도 많은 논의가 있는 부분으로, 신규성에 묶어서 설명하기에는 중요한 주제이므로 나중에 별도로 설명해 드리겠습니다.

라. "특허출원 전에 국내 또는 국외에서 반포된 간행물에 게재되었거나 전기통신회선을 통하여 공중이 이용할 수 있는 발명"

1) "특허출원 전에"

이 규정은 앞서 살펴본 "1. 공지 또는 공연 실시된 발명"에서의 규정과 동일한 의미입니다. 즉, 출원 시각을 기준으로, 동일한 발명이 먼저 출원된 경우에 신규성이 인정된다는 것이지요.

2) "국내 또는 국외에서"

이 규정 역시 앞서 살펴본 "1. 공지 또는 공연 실시된 발명"에서의 규정과 같은 의미입니다. 즉, 해당 문헌의 지역적 기준을 국내 또는 국외 모두로 규정하고 있는 것이지요.

3) "반포된 간행물에 게재되었거나"

먼저, "반포"는 불특정인, 즉 비밀유지가 없는 사람이 열람할 수 있는 상태에 있음을 의미합니다. 즉, 일반적인 의미의 반포의 경우, 거리에서 어떤 정보가 인쇄된 종이를 나누어 주거나, 세미나 등에서 관련 자료를 나누어 주는 것을 의미하겠죠.

그런데, 이 규정에서 사용하는 "반포"라는 의미는 "그 상태"면 족합니다. 따라서, 실제로 반포되어 누군가에게 전달되지 않은 경우에도, 불특정인이 열람할 수 있는 상태에 놓여 있다면 그것만으로도 이 규정의 "반포"에 해당합니다.

예를 들어, 도서관의 열람실에 가면 다양한 주제의 서적이 책꽂이에 질서정연하게 꽂혀 있지요. 열람실을 이용하는 사람들은 자신이 관심 있는 주제의 책만 열람하겠죠? 이때, 열람실 한켠에 아무도 관심을 두지 않는(심지어 읽더라도 어떤 의미인지 이해조차 할 수 없는) 현대물리학 분야의 논문이 있다고 가정해 보겠습니다. 이 논문을 열람실에 입고된 후 아무도 펼쳐보지 않았다 하더라도, 이 논문은 "반포"된 것으로 볼 수 있습니다.

"간행물"은 "공개"의 목적으로 정보성과 공개성이 있는 임의의 형태의 정보전달 매체를 의미합니다. 쉽게 설명하면, 어떠한 정보를 담고 있고, 공개를 전제로 하는 경우 간행물에 해당한다고 할 수 있겠습니다. 정보성과 공개성이 있다면, 간행물의 형태는 문제가 되지 않습니다. 가장 쉽게 접할 수 있는 종이, 전자책, 전자문서뿐만 아니라, 카탈로그, CD-ROM, USB 등이 모두 간행물의 형태에 포함됩니다.

"게재"는 "통상의 기술자"가 쉽게 이해하고 재현할 수 있는 정도여야 합니다. "통상의 기술자"는 다음 편에서 다룰 "진보성"에서 매우 중요한 개념으로 등장하는데, 상세한 설명은 해당 편에서 하기로 하고요. 여기서는 "통상의 기술자"란 특정 기술 분야에 대한 기술적인 상식이 있는 가상의 인물입니다.

예를 들어, 앞의 예에서 기계공학을 전공하는 학생 A라면 해당 논문에 대한 통상의 기술자라고 할 수 없습니다. 반면, 물리학 박사 과정을 진행 중인 학생 B라면 해당 논문에 대한 통상의 기술자라고 할 수 있지요. 학생 B가 해당 논문을 이해할 수 있다면, 해당 논문에 발표된 발명은 "게재"된 것이라고 하겠습니다.

4) "전기통신회선을 통하여 공중이 이용할 수 있는 발명"

"전기통신회선"은 쉽게 말해 인터넷을 의미합니다. 인터넷이 구축됨에 따라 우리가 지구 반대편에 있는 곳에서 도출된 지식을 쉽게 접할 수 있음은 누구나 알 수 있는 것들이지요. 그런데, 전기적인 방법으로 정보를 얻을 수 있는 방법은 인터넷뿐만이 아닙니다. 인터넷에 비해 사용 빈도가 낮을 수는 있겠으나, 전자 게시판, 메일링 서비스 등 통신 기술을 이용한 정보전달 수단이라면 "전기통신회선"에 포함됩니다.

"공중이 이용할 수 있는"이라는 의미는 전기통신회선을 통해 전달되는 정보가, 불특정인, 즉 비밀유지 의무가 없는 사람에게 개방됨을 의미합니다. 예를 들어, 인터넷이라 하더라도 여러 차례의 인증 절차를 거쳐야만 접근할 수 있는 웹사이트라거나, 특정한 자격을 가진 사람들만 접근할 수 있는 전자 게시판 등은 공중이 이용할 수 없다고 할 수 있습니다.

정리하면, 2호의 규정은 앞에서 살펴본 1호의 "공지"와 관련된 구체적인 예를 규정한 것으로 이해하면 충분하리라 생각합니다. 즉, "공지"라는 추상적인 개념을 보다 현실적인 개념으로 규정하고 있는 것이지요.

특허요건 4
: 진보성

강민우

1. 진보성

　진보성은 출원발명이 기존 발명들에 비해 "진보되었을 것"이라는 요건을 만족하는지에 대한 내용입니다. 실무적으로, 출원발명에 대한 심사결과로 가장 많이 통지되는 거절이유는 "진보성이 없다."입니다. 우리 특허법상에서는 신규성이 더 먼저 규정되어 있음에도 불구하고, 왜 진보성이 문제가 되는 경우가 더 많은 것일까요?

　신규성은 "발명의 동일성", 즉 출원발명이 기존에 존재하는 발명과 "동일한지 여부"를 판단 기준으로 합니다. 따라서, 판단하는 주체에 따라 일부 차이가 있을 수 있겠지만, 대부분 동일한 판단 결과가 도출됩니다. 이에, 신규성은 상대적으로 "객관적"인 특허요건이라고 할 수 있습니다.

그런데, 진보성은 "발명의 진보성", 즉 출원발명이 기존에 존재하는 발명과 완전히 동일하지는 않음을 전제로, 기존에 존재하는 발명에 비해 기술적으로 진보한 것인지 여부를 판단 기준으로 합니다. 따라서, 진보성은 필연적으로 판단 주체의 "주관적" 판단이 개입될 수밖에 없습니다. 이에, 진보성은 상대적으로 "주관적"인 특허요건이라고 할 수 있습니다.

예를 들어 보겠습니다. 괴짜 발명가 A는 평소 길을 걸을 때도 높이 뛸 수 있는 신발을 만들고 싶었습니다. 이에, A는 신발의 밑창에 스프링을 달았습니다. A가 힘을 주면, 스프링이 압축되었다가 다시 늘어나는 힘에 의해 A는 이전 신발을 신었을 때보다 더 높이 점프를 할 수 있다고 주장합니다.

여기서 밑창에 스프링이 달린 신발은 이전에 없었다고 가정해 보겠습니다. 또한, 신발 내부에 공기 펌프를 수납하여, 점프력을 향상시킬 수 있는 신발은 이전에 이미 개발되었다고 가정해 보겠습니다. A가 발명한 신발은 신규성이 있을까요?

신발은 이미 잘 알려진 물품이고, 스프링 또한 잘 알려진 물품입니다. 그런데, 신발의 밑창에 스프링을 단 물품은 이전에 존재하지 않았지요. 위의 가정에서, 신발에 공기 펌프가 수납된 경우 A의 신발과 같은 효과는 낼 수 있겠으나, 스프링과 공기 펌프는 엄연히 다른 물건입니다. 따라서, 신발과 스프링 각각이 잘 알려진 기술임과는 별개로, A가 발명한 신발은 신규성이 인정될 수 있습니다.

그런데, A가 발명한 신발에 진보성이 있는지는 다른 문제입니다. 이제, 판단 주체는 A가 발명한 신발에 스프링을 다는 것이 어려운지를 판단합니다. 또한, 판단 주체는 A가 발명한 신발의 스프링이, 이전에 존재했던 공기 펌프에서 영감을 받아 쉽게 변형할 수 있는지 여부를 판단합니다.

이 글을 읽는 독자분들의 생각은 어떠신가요? 탄성력을 이용하여 점프력을 향상시킨다는 컨셉이 동일하고, 압축과 인장에 의해 점프력이 향상되는 것 역시 동일하므로 진보성이 없다고 판단하실 수 있습니다. 반면, 공기 펌프는 유체를 이용하는 물품임에 반해, 스프링은 소재 자체의 탄성을 이용하는 물품이므로, 스프링을 신발에 적용하는 것이 더 어렵다고 판단하실 수도 있습니다.

이렇게, 진보성 판단에는 정해진 답이 없습니다. 상술한 바와 같이, 판단 주체의 주관적 판단이 필연적으로 개입되기 때문에, 그 결론에 도달하기까지 나름의 논리 전개를 통해 따라 진보성이 있는지 여부에 대한 판단이 수행됩니다.

즉, 판단 주체가 열 명이라면 열 가지의 다른 논리를 통해, 각각 다른 결론이 내려질 수 있는 것이지요. 따라서, 실무적으로도 발명자, 출원인, 심사관의 판단 결과가 모두 다른 경우가 드물지 않게 발생합니다.

진보성에 대한 판단에 주관적 요소가 수반됨에도 불구하고, 우리 특허법에서 규정하는 진보성은 "기술 발전의 촉진"이라는 특허법의 목적을 달성하기 위해 가장 중요한 규정입니다. 즉, 이전 기술에 비해 발전된 기술만을 특허권으로 보호하여, 기술 발전을 촉진하고자 하는 것이지요.

따라서, 진보성의 정의 자체는 "공지된 기술에 비해 기술적으로 진보한 것"이라는, 다소 추상적이고 간단한 데 반해, 그 판단 기준은 신규성과 달리 여러 가지 요소가 개입됩니다. 추상적이고 주관적일 수 있는 진보성의 판단 결과에, 보다 많은 사람들이 납득할 수 있는 합리적인 기준을 부여하기 위함이지요.

이하, "진보성"이 무엇인지, 진보성을 어떤 식으로 판단하는지에 대해 해당 규정의 내용을 분설하여 신규성에 대해 살펴보겠습니다.

2. 특허법 제29조 제2항

진보성은 특허법 제29조 제2항에 다음과 같이 규정되어 있습니다.

> 특허출원 전에 그 발명이 속하는 기술분야에서 통상의 지식을 가진 사람이 제1항 각 호의 어느 하나에 해당하는 발명에 의하여 쉽게 발명할 수 있으면 그 발명에 대해서는 제1항에도 불구하고 특허를 받을 수 없다.

가. "특허출원 전에"

이 문구는 진보성 판단 기준 중 "시기적 요건"에 대한 내용을 규정합니다. 즉, 특허출원 "전"에 라고 규정함으로써, 진보성 판단의 시기적 요건은 앞에서 살펴본 신규성 판단의 시기적 요건과 같게 됩니다.

진보성 판단의 시기적 요건은 "시각주의"에 의하는 것으로, 어떤 기술이 출원시점보다 빠르게 공개되었다면, 출원된 발명의 진보성 판단을 위해 인용될 수 있다는 것이지요. 앞서 살펴본 예에서, A가 5월 3일 15시에 출원을 하였는데 B가 개발한 기술이 5월 3일 12시에 공개되었다면 특허출원 "전"에 공개된 것이므로 B의 기술은 A의 진보성 판단의 근거로 활용될 수 있습니다.

나. "그 발명이 속하는 기술 분야에서 통상의 지식을 가진 사람이"

진보성 판단을 어렵게 하는 이유 중 하나입니다. 이 문구는 진보성 판단의 주관적 기준을 제시합니다. 앞서 설명한 신규성이 있는지 여부는 발명과 인용된 기술 간의 동일성 여부를 통해 판단됩니다. 일부 이견이 있을 수는 있겠으나, 동일한지 여부에 대한 판단은 상대적으로 명확하다고 할 수 있겠습니다.

그런데, 진보성 판단에는 출원발명이 진보하였는지 여부, 즉 주관적 판단이 필연적으로 개입됩니다. 그런데, 판단의 주체의 지식에 따라 진보성 판단의 결과는 달라질 수밖에 없겠지요.

예를 들어, 자동차의 휠과 관련된 두 개의 발명이 있다고 가정해 보겠습니다. 이번에 처음 차를 장만하게 된 A에게는, 휠이란 타이어를 장착하기 위한 부품에 불과할 뿐이지요. 그런데, 튜닝숍을 운영하고 있는 B에게는 두 발명 간의 차이, 효과가 명확하게 보입니다. 따라서, 위의 두 개의 발명 중 어떤 발명이 진보성이 있는지에 대한 A와 B의 판단은 달라질 수밖에 없습니다.

이에, 우리 특허법은 진보성을 판단하기 위한 주관적 요건으로 "그 발명이 속하는 기술 분야에서 통상의 지식을 가진 사람", 즉 통상의 기술자를 상정합니다. 특허법원 판례는 통상의 기술자는 "출원 시를 기준으로 그 기술 분야의 기술상식을 보유하고 있고, 연구개발을 위하여 통상의 수단 및 기술을 자유롭게 구사할 수 있으며, 출원 시를 기준으로 모든 것을 입수하여 자신의 지식으로 할 수 있는 자"라고 정의합니다.

무슨 말인지 언뜻 이해가 가지 않지요. 당연한 결과입니다. 가상의 인물을 다양한 형태로 규정하였기에, 처음 접하실 경우 '그래서 어떤 사람을 말하는 것인가'라는 의문이 생길 수 있지요. 쉽게 설명하면, 통상의 기술자는 해당 기술 분야에서 가능한 일반적인 방법을 통해 원하는 지식을 쉽게 습득할 수 있는 사람으로 정의할 수 있습니다.

하지만 위와 같은 정의 역시 추상적이며 이해하기가 쉽지 않지요. 이에, 실무상에서는 "통상의 지식을 가진 자"의 수준에 대한 논쟁이 매우 중요한 위치를 차지합니다.

다. "제1항 각 호의 어느 하나에 해당하는 발명에 의하여 쉽게 발명할 수 있으면"

이 문구는 진보성 판단의 객체적 요건을 제시합니다. 제1항 각 호, 신규성 판단을 위해 인용될 수 있는 발명을 기준으로, 출원발명이 쉽게 발명될 수 있는지 여부를 판단하는 것이지요. 제1항 각 호에 해당하는 발명에 대해서는 신규성 부분에서 설명하였으므로, 여기서는 생략하기로 하겠습니다.

한편, 기술 분야와 관련하여, 신규성의 경우 기술 분야에 대한 한정이 없습니다. 그런데, 진보성의 경우 주체적 요건을 "그 발명이 속하는 기술 분야에서 통상의 지식을 가진 사람"으로 한정하였으므로, 진보성을 판단하기 위한 근거 기술 또한 기술 분야가 한정되는지 여부가 문제가 될 수 있습니다.

살펴본 바와 같이, 진보성은 여러 개의 기술을 결합하여 쉽게 발명할 수 있는 경우도 부정됩니다. 따라서, 인용 가능한 기술의 개수가 늘어나는 만큼, 인용 가능한 기술의 분야는 좁게 해석하는 것이 일반적입니다.

예를 들어서, A는 바지에 구비되는 지퍼를 위아래로 올릴 때마다 불편함을 느끼고, 조금만 힘을 주어도 지퍼가 이동되고, 지퍼가 멈춘 위치에 안정적으로 유지될 수 있는 새로운 지퍼를 개발하였습니다. 그런데, 심사 과정에서 가방에 구비되는 지퍼를 용이하게 이동시키고 고정할 수 있는 기술이 인용되었습니다. 그렇다면, "가방"과 관련된 기술 분야는 "바지"가 속하는 기술 분야라고 할 수 있을까요?

진보성 판단은 여기서부터 난관에 봉착합니다. 어떤 분들은 두 기술 분야 모두 "봉제"와 관련된 기술 분야이므로, 바지가 가방과 관련된 기술 분야에 속한다고 생각하실 수 있습니다. 다른 분들은 바지는 의류와 관련된 기술 분야에 해당하고, 가방은 잡화와 관련된 기술 분야이므로 전혀 별개의 기술이라고 생각하실 수도 있겠습니다.

따라서, 실무상 심사 과정에서는 위와 같은 논란의 소지가 있을 수 있는 기술을 인용하기보다는, 출원발명이 속함이 명확한 기술 분야,

예를 들면 바지, 블라우스, 원피스 등과 같은 기술 분야의 발명을 인용하여 진보성 판단을 위한 기준으로 삼게 됩니다.

다시 한번 되짚어 보면, 특허법은 "기술의 발전"을 촉진하여 "산업발전에 이바지함"을 목적으로 하지요. 예를 들면 자동차와 기중기처럼 전혀 상이한 기술 분야에 해당함에도, 둘 다 도르래가 쓰였다는 이유만으로 자동차와 관련된 기술을 들어 기중기와 관련된 발명의 진보성을 부정한다면, 이는 합리적이라고 보기 어렵습니다.

그런데, 해당 자동차가 지게차나 크레인 등 무거운 물건을 들어 올리기 위한 특수 목적을 갖는다면, 해당 자동차에 사용된 도르래를 인용하여 기중기와 관련된 발명의 진보성을 부정하는 것은 수긍할 만합니다.

그 발명이 속하는 기술 분야가 아닌 다른 기술 분야의 발명이 무제한적으로 인용될 수 있다면, 이론적으로 진보성이 인정될 수 있는 경우는 극히 드물다고 할 수 있지요. 그런데, 다른 기술 분야라 하더라도, 지게차나 크레인과 기중기의 관계처럼 유사한 목적 또는 기능을 갖는 기술이라면, 이를 인용하여 진보성의 판단 근거로 삼는 것 또한 가능합니다.

따라서, 우리 특허법은 진보성 판단의 주체적 기준을 출원발명의 기술 분야에 한정하되, 이 주체가 공지기술로부터 쉽게 발명할 수 있는지 여부를 객체적 기준으로 제시하여, 양자 간의 균형을 도모하고 있습니다.

라. "그 발명에 대해서는 제1항에도 불구하고 특허를 받을 수 없다."

이 문구는 신규성과 진보성 간의 판단의 순서를 제시합니다. 즉, "제1항에도 불구하고"라고 규정되었으므로, 진보성 판단은 신규성 판단이 선행되고, 출원발명이 신규성이 있음을 전제로 하여 진행됨을 알 수 있습니다.

즉, 신규성이 없다고 판단되었다면, 진보성에 대한 판단 없이도 출원발명은 특허를 받을 수 없습니다. 또한, 신규성이 있다고 판단되었더라도, 진보성이 없다고 판단되었다면 출원발명은 특허를 받을 수 없는 것이지요.

다만, 실무상으로는 신규성이 결여되었다고 판단되는 경우에도 진보성에 대한 판단 결과까지 출원인에게 통지하여, 출원발명의 등록을 위한 출원인의 대응의 편의를 도모하고 있습니다.

특허절차 1
: 개관

강민우

　어떤 사람이 발명을 했다고 해서, 별도의 과정 없이도 그 발명이 기술적 가치를 인정받아 특허권을 부여받을 수는 없습니다. 살펴본 바와 같이, 특허권은 산업발전에 이바지한다는 목적을 달성하기 위해 국가에서 인정해 주는 독점권에 해당합니다. 따라서, 발명이 특허로서 인정받기 위해서는, 국가에서 제정한 소정의 절차를 거쳐야만 하는데, 이를 특허 "출원 절차"라고 합니다.

　출원 절차를 진행하는 주체를 "출원인"이라고 합니다. 출원인은 국가 기관인 특허청을 상대로 어떤 행위를 수행하고, 특허청에서 통지하는 문서를 받고 이해할 수 있어야 하며, 특허출원 절차를 수행할 수 있는 능력이 있어야 하는데, 이를 "행위능력"이라고 합니다.

　통상, 발명자가 출원인이 되는 경우가 일반적입니다만, 경우에 따라서는 발명자가 아닌 다른 주체가 출원인이 되는 경우도 있습니다.

특히, 기업체에 근무하는 직원의 경우, 계약에 의해 특허를 받을 수 있는 권리가 기업으로 이전되는 경우가 일반적입니다. 이 경우에는 기업체가 해당 발명에 대한 출원인이 되어 절차를 진행하게 됩니다.

또한, 특허출원 절차는 출원인이 직접 진행할 수도 있고(나 홀로 출원), 대리인을 통해 진행할 수도 있습니다(변리사를 통한 출원). 대리인을 통해 진행할 경우, 현행법상 변리사 자격증을 보유한 자만이 대리인의 자격이 부여됩니다.

다음 양식은 특허로에 제시된 특허출원서입니다. 출원을 진행하고자 하는 사람은 "출원인", "발명의 국문명칭", "발명의 영문명칭", "발명자" 등과 같은 필수적인 사항을 기재하여 제출해야 합니다. "대리인", "우선권 주장" 등 "〈〉"로 묶인 항목들은, 해당 항목이 존재하는 경우에만 기재하여 제출하면 됩니다.

과거에는 특허청에 제출할 모든 문서를 출력하거나 수기로 작성하여 제출해야 했습니다. 다만 최근에는 IT 기술의 발달에 힘입어 모든 문서를 전자문서로 제출할 수 있게 되었지요. 특허출원에 필요한 모든 절차는 특허로에서 진행하실 수 있습니다.

┌─────────────────────┐
│ 전자문서 이용가능 │
└─────────────────────┘
[별지 제14호서식]

특허출원서

【출원구분】 ☒특허출원　□분할출원　□변경출원
　　　　　　□무권리자의 출원 후에 한 정당한 권리자의 출원
(【참조번호】)
【출원인】
　　【성명(명칭)】 김은철
　　【출원인코드】 4-2004-000123-4 (이미 발급받은 번호를 기재, 또 아직 발급받지 않은 경우 (별지 제N호 서식) 출원인코드부여신청서를 동시에 제출하시어 접수당일자가 직접 발급후 기재함)
【대리인】 ☞ 대리인 없어 개인이 작성·제출할 경우 해당없음
　　【성명(명칭)】
　　【대리인코드】
　　(【포괄위임등록번호】)
【발명의 국문명칭】 건축용 금속제 장식판의 보호피막 형성 방법
【발명의 영문명칭】 The method of forming the protective film on the metallic decorative panel for building
【발명자】
　　【성명】 김은철
　　【출원인코드】 4-2004-000123-4
(【원출원(무권리자 출원)의 출원번호】)
(【우선권주장】 ☞ 해당될 경우만 기재
　　【출원국명】
　　【출원번호】
　　【출원일자】
　　【증명서류】
(【기타사항】 ☒심사청구　□심사유예신청　□조기공개신청　□공지예외적용
　　　　　　 □미생물기탁　□서열목록　□기술이전희망　□국가연구개발사업
　　　　　　 □국방관련비밀출원)
　　　　　☞ 출원과 동시에 심사청구 또는 조기공개신청을 하려면 특허청구
　　　　　　범위가 기재된 명세서가 첨부되어야 함
(【유예희망시점】 심사청구일 후 18개월이 지난 때부터 ( )개월) ☞ 필요한 경우만 기재
　　【공지예외적용대상 증명서류의 내용】 ☞ 해당될 경우만 기재
　　　　【공개형태】
　　　　【공개일자】

| 특허출원서 양식 - 특허로

특허출원이 진행된 모든 발명에 대해 심사가 진행되는 것은 아님을 앞에서 설명해 드렸습니다. 출원발명에 대한 심사가 진행되기 위해서는, 심사청구 절차가 진행되어야 합니다. 심사청구가 있는 경우, 특허청은 출원발명에 특허를 부여함이 타당한지 여부를 심사하고, 그 결과를 출원인에게 통지합니다.

출원발명에 흠이 있어 특허를 부여할 수 없는 경우, 특허청은 문제가 되는 부분과 그 이유를 명시하여 출원인에게 통지하는데, 이를 "의견제출통지서"라고 합니다. 의견제출통지서에 대응하여 출원인은 보정을 하거나 의견을 개진하여 출원발명에 특허를 부여함이 타당함을 주장할 수 있습니다.

문제가 되는 부분(실무상 "거절이유"라고 합니다)이 해소된 경우, 특허청은 출원발명에 대해 등록결정을 내립니다. 등록결정된 출원에 대해 등록료를 납부하면, 해당 출원발명이 설정등록됨으로써 특허권이 개시됩니다.

특허절차 2
: 특허 명세서(1)

강민우

특허권을 부여받고자 하는 발명이 어떤 것인지 특정 또는 설명하기 위한 문서가 더 필요하겠지요. 이 문서를 "명세서"라고 합니다. 특허권을 부여받고자 할 경우, 이 문서는 "특허 명세서"로 명명됩니다.

명세서는 특허권을 부여받고자 하는 발명에 대한 설명서임과 동시에, 특허권을 부여받고자 하는 발명을 특정하기 위해 활용됩니다. 특허권이 부여된 이후, 명세서에 기재된 청구범위에 의해 특허권의 권리범위가 정해집니다. 출원된 발명의 공개는, 명세서가 공개됨으로써 달성됩니다.

따라서, 명세서는 (1) 발명에 대한 설명이 정확하고도 충실하게 기재되고, (2) 특허권을 부여받고자 하는 발명이 명확하게 기재되는 것이 바람직합니다. 명세서는 이와 같은 목적을 위해 다양한 항목을 두고 있습니다. 출원인(또는 대리인)은 해당 항목에 적합한 내용을 충실히 기재함으로써, 출원발명에 대해 원하는 대로 설명할 수 있습니다.

특허 명세서는 크게 "발명의 설명", "청구범위", "요약서", "도면"의 항목으로 구분됩니다.

1. 발명의 설명

"발명의 설명" 항목은 출원된 발명에 대한 설명이 기재되는 항목입니다. 우리 특허법은 "발명의 설명"은 명확하고 상세하게 기재하되, "청구범위"는 명확하고 간결하게 기재할 것을 요구하고 있습니다(특허법 제42조 제3항 및 제4항). 따라서, 발명에 대한 설명은 "발명의 설명" 및 뒤에서 설명될 "도면"을 통해 충실하게 기재되어야 합니다.

발명의 명칭에는 출원된 발명의 이름을 기재합니다. 예를 들어, A가 손잡이가 특이한 컵을 발명했다고 가정해 보겠습니다. 이때, 발명의 명칭은 "컵", "손잡이가 달린 컵", "독특한 손잡이를 가진 컵", "컵에 사용되는 손잡이" 등 "손잡이" 또는 "컵"과 관련된 임의의 형태로 정해질 수 있습니다.

기술 분야에는 해당 발명이 속하는 기술 분야를 기재합니다. 위의 예에서, 기술 분야는 "컵", "용기" 등에 관한 기술 분야로 정해질 수 있습니다.

발명의 배경이 되는 기술에는 출원된 발명까지 도달하게 된 경과에 대한 내용을 기재합니다. 위의 예에서, "컵 또는 손잡이가 부착된

컵이 이미 개발되어 사용되었으나, 어떠한 불편함이 있어 이를 개량하기 위해 출원발명을 연구하게 되었다."라는 취지로 기재되면 충분합니다.

선행기술문헌에는 발명의 배경이 되는 기술 또는 출원발명을 이해하기에 도움이 될 만한 기술을 기재합니다. 선행문헌은 특허문헌과 비특허문헌으로 구분될 수 있는데, 특허문헌의 경우 특허/실용신안에 대한 공개/등록공보를, 비특허문헌에는 특허문헌을 제외한 나머지 선행문헌에 대한 정보, 예를 들면 논문, 웹사이트 주소, 카탈로그 등을 기재합니다.

발명의 내용에는 출원발명에 대한 개략적인 정보를 기재합니다. 출원발명을 통해 해결하고자 하는 문제점(해결하고자 하는 과제), 그리고 그 문제점을 해결하기 위해 출원발명이 어떤 식으로 구성되었는지(과제의 해결 수단), 그 결과 출원발명을 통해 어떤 효과를 얻을 수 있는지(발명의 효과)를 기재합니다.

도면의 간단한 설명에는 특허 명세서의 마지막에 첨부되는 "도면"의 각 항목에 대한 설명을 간략하게 기재합니다. 예를 들어, "도면 1은 본 발명의 외관을 도시하는 사시도다." 정도로 간략하게 기재하면 충분합니다.

발명을 실시하기 위한 구체적인 내용에는 출원발명에 대한 설명을 명확하면서도 상세하게 기재합니다. 이 항목이 바로 출원발명에 대한 기술적인 특징을 설명하는 부분입니다. 이 항목에는 출원발명의 구조, 소재, 형상, 결합 방법, 작동 방법 등 출원발명을 설명할 수 있는 모든 내용이 기재될 수 있습니다.

산업상 이용 가능성에는 출원발명이 반복하여 실시 가능함을 기재합니다. 예를 들어, 위의 예에서, '주형을 만들면 동일한 발명이 제조될 수 있다.' 정도입니다. 다만, 실무상으로 출원이 진행되는 발명의 경우 산업상 이용 가능성이 전제됨이 일반적이어서, 산업상 이용 가능성 항목은 기재를 생략하기도 합니다.

부호의 설명에는 도면에 기재된 도면 부호의 명칭을 기재합니다 ("사례로 본 특허 명세서"를 참고해 주세요). 도면 부호는 통상 숫자로 기재되기 때문에, 해당 숫자가 지시하는 구성의 명칭을 이 항목에 기재하여 기술의 이해를 돕게 됩니다.

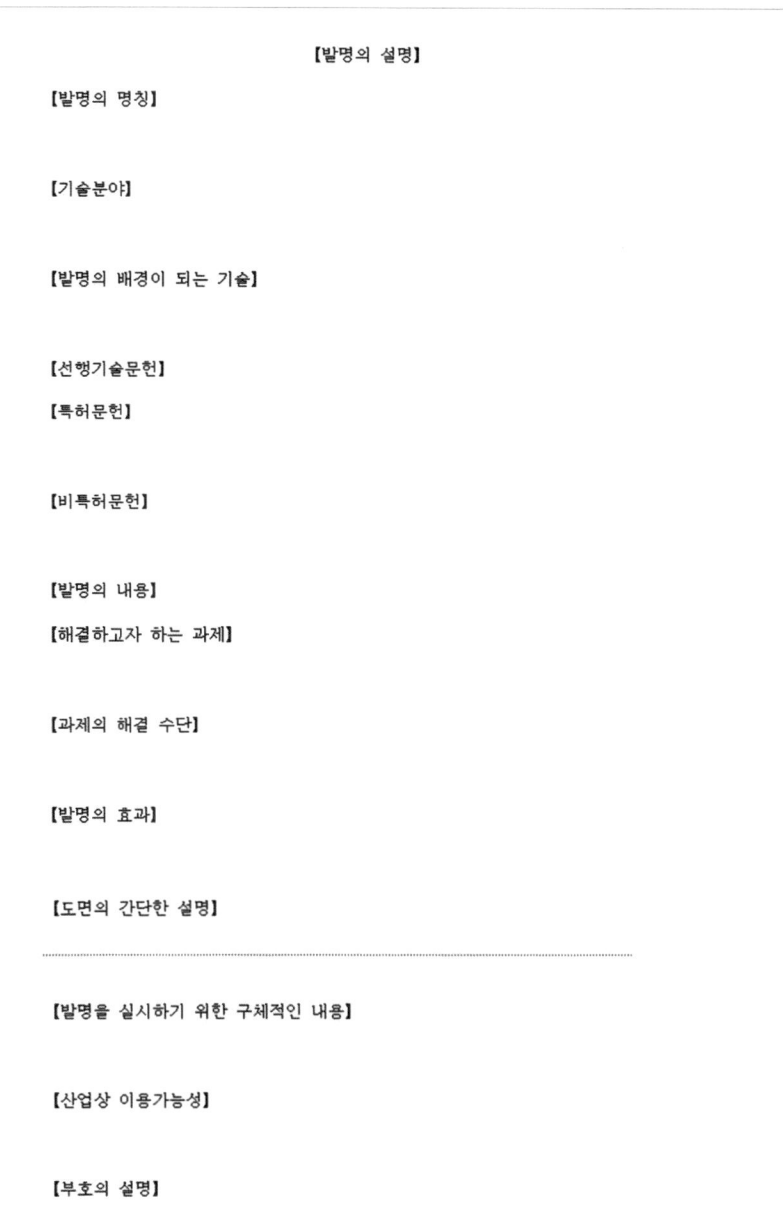

| 특허 명세서 양식 1 - 발명의 설명

2. 청구범위

청구범위에는 출원발명을 통해 확보하고자 하는 권리범위를 기재합니다. 위의 예에서, A는 독특한 손잡이 자체 또는 독특한 손잡이를 포함하는 컵 전체에 대한 권리범위를 기재할 수 있습니다. 청구범위에는 구조, 방법, 기능, 물질, 결합 관계 등을 통해 출원발명의 기술적 특징을 기재할 수 있습니다.

청구범위는 여러 개 기재할 수 있습니다. 특히, 어떤 항은 다른 항을 인용하는 형식으로 기재될 수 있는데, 이때 다른 항을 "독립항", 어떤 항을 "종속항"이라고 합니다. 통상, 독립항은 보다 넓은 권리범위를 확보할 수 있도록 포괄적으로 기재하고, 종속항은 세부적인 기술 특징에 대한 권리범위를 확보할 수 있도록 구체적으로 기재합니다.

【청구범위】

【청구항 1】

| 특허 명세서 양식 2 - 청구범위

3. 요약서 및 대표도

요약서에는 출원발명에 대한 기술적 특징을 한 페이지 정도의 분량으로 요약합니다. 요약서에 기재된 내용은 특허권의 권리범위 해석에 영향을 주지 않으므로, 출원발명의 기술적 특징이 잘 드러나도록 간결하게 기재하면 됩니다.

대표도에는 출원발명의 기술적 특징이 가장 잘 드러난 도면의 번호를 기재합니다. 출원발명의 기술적 특징이 외형에 특징이 있는 경우, 해당 부분이 나타난 사시도를 대표도로 기재함이 일반적입니다. 출원발명의 기술적 특징이 내부에 있는 경우, 해당 부분이 나타난 절개 사시도, 분해도 또는 단면도를 대표도로 기재하면 되겠지요.

도면은 출원발명을 문자가 아닌 도형의 형태로 표현하는 부분입니다. 도면은 특허권의 권리범위 해석에 직접적인 영향은 주지 않습니다. 다만, 통상 글보다는 그림이 이해가 쉽다는 점을 고려하면, 도면을 통해 출원발명의 기술적 특징이 더 쉽게 이해되는 경우가 많기 때문에 발명의 기술적 특징이 충분히 나타나도록 도시하는 것이 바람직합니다.

```
        【요약서】
【요약】


【대표도】


                【도면】
    【도 1】
```

| 특허 명세서 양식 3 – 요약서 및 도면

여기까지, 특허 명세서의 구조 및 각 항목에 대해 간단하게 살펴보았습니다. 덧붙이고 싶은 말씀은, 특허 명세서 또한 "문서"이자 "글"이라는 것입니다. 따라서, 각 항목에서 요구하는 내용 및 기재 방식만 만족한다면, 특허 명세서의 각 항목은 어떠한 형태로도 변경하여 기재될 수 있습니다. 즉, 위에서 설명해 드린 내용은 가장 일반적인 예시로, 필요에 따라 얼마든지 기재 방식은 변경될 수 있습니다.

다만, 너무 자유롭게 기재할 경우, 출원발명의 기술적 특징이 불충분하게 기재되거나, 우리 특허법에 규정된 기재요건에 만족하지 못한다는 판단을 받게 될 위험이 있습니다. 따라서, 특허 명세서의 작성은 전문가인 변리사에게 위임하여 진행하시는 것이 바람직하겠지요?

특허절차 2
: 특허 명세서(2)

이용훈

특허를 받기 위해 발명품 들고 특허청을 찾아가도 아무런 소용이 없습니다. 특허청은 발명한 물건이나 논문 등이 아닌 특허법 등에 따라 일정한 형식을 갖춘 문서인 특허 명세서를 기초로 특허 여부를 심사하기 때문입니다. 따라서 특허 명세서를 알 필요가 있습니다.

그런데 특허 명세서가 그리 호락호락하지 않습니다. 변리사를 선임하면 변리사가 대신 작성해 주긴 하지만 검토는 오롯이 본인 몫이므로, 특허출원을 하기로 맘을 먹었다면 어떤 식으로든 특허 명세서를 접하게 될 수밖에 없습니다. 그래서 특허 명세서가 어떻게 구성되고, 어떠한 내용들로 작성되는지 하나의 예시를 통해 여러분과 함께 살펴보고자 합니다.

아래 사례는 특허청 "변리사 제2차 시험 실무형 문제 안내서"[05]에

---

[05] 특허청; 변리사 제2차 시험 실무형 문제 안내서; 2017. 12.

소개된 명세서 예시에 기초하여 재구성한 것입니다.

철수는 주말마다 캠핑장에 갑니다. 캠핑장에 있는 난로는 석탄이나 목탄을 연료로 하기 때문에, 부삽으로 석탄이나 목탄을 난로에 넣어 주어야 합니다. 그런데, 석탄과 목탄 보관 장소와 난로 사이 거리가 꽤 있어서, 석탄이나 목탄을 부삽에 담고 오다 보면, 부삽에서 석탄이나 목탄이 떨어져서 다시 주워야 하거나, 그 먼지들이 주변 환경을 오염시키는 문제가 있었습니다.

그래서 철수는 기존의 부삽을 개량한 새로운 부삽을 발명하였고, 직접 사용해 보니 그 효과가 생각보다 좋아서, 만들어 팔면 꽤나 팔릴 것 같다는 생각이 들었습니다. 그런데 특허 없이 사업을 하면 남들이 베낄 수도 있다는 걱정에, 우선 특허출원을 하기 위해 변리사를 찾아갔습니다.

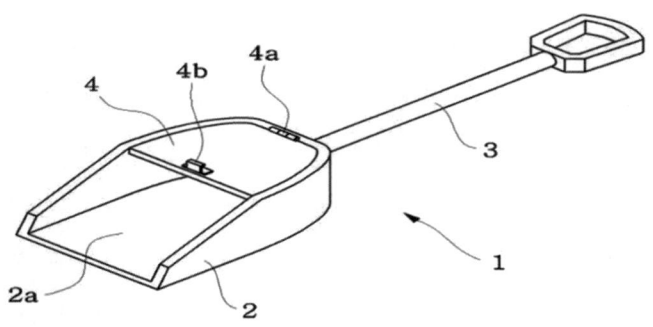

| 발명품

철수는 변리사에게 위 제품 사진을 보여주며, 이 부삽을 특허출원해 달라고 했습니다. 그러면서 발명에 이르게 된 경우와 이 발명이 종전 부삽과 달리 이송물을 담는 수거 공간 상면에 판이 있어서 이송물들이 부삽으로부터 이탈되는 것을 방지할 수 있다는 설명도 곁들어 주었습니다. 변리사는 잘 알겠다고 하면서, 특허 명세서 초안을 보내드리겠다고 하였습니다. 한 달 뒤 철수는 특허 명세서가 첨부된 메일을 받았습니다. 첨부 파일을 열어 보니 아래 문서가 나타났는데, 함께 하나씩 살펴보겠습니다.

【명세서】

【발명의 명칭】

이송물의 낙하 및 비산 방지 기능을 갖는 부삽

☞ (해설) 단순히 부삽이라고 하지 않고, 발명의 핵심 기능을 함께 써 주었네요. 물론 "부삽"이라고 해도 문제는 없답니다.

【기술분야】 본 발명은 연소기구에서의 연소 등에 필요한 각종 이송물을 운반하는 데에 사용하는 부삽에 관한 것으로, 특히 상기 부삽의 수거부에 퍼 담아진 이송물의 낙하 및 비산을 최소화하여 주변 환경의 오염방지는 물론 화재사고를 예방할 수 있도록 한 이송물의 낙하 및 비산 방지 기능을 갖는 부삽에 관한 것이다.

☞ (해설) 발명품이 어떤 기술 분야에 속하는지 정확히 적어 줘야 합니

다. 심사 단계에 들어가면 특허청에서 서술한 기술 분야에 따라 발명을 분류하고, 이에 따라 심사국을 정하기 때문입니다.

【발명의 배경이 되는 기술】일반적으로, 부삽은 난로와 같은 연소기구에 석탄이나 목탄과 같은 과립연료를 퍼 넣거나 또는 과립연료의 연소에 의해 발생하는 불씨나 재를 퍼 담아 운반하는 데에 사용하는 것으로서, 이송물을 수용하는 수거부 및 상기 수거부에 결합되는 작업부로 구성된다. 그런데, 종래 부삽은 적어도 다음의 문제점을 포함한다.
(이하, 생략)
☞ *(해설) 발명의 배경이 되는 기술은 발명을 하게 된 경위를 설명하게 됩니다. 종래 제품의 문제점을 지적하고, 왜 이 발명을 하게 되었는지 조목조목 써주면 좋습니다.*

【발명의 내용】
【해결하려는 과제】이에 본 발명은 상기한 바와 같은 각종 문제점을 해결하기 위하여 착안된 것으로, 부삽의 수거부에 퍼 담아진 이송물의 낙하 및 비산을 최소화하여, 주변 환경의 오염방지는 물론 화재사고를 예방할 수 있도록 한 이송물의 낙하 및 비산 방지 기능을 갖는 부삽을 제공하는 데에 그 목적이 있다.
☞ *(해설) 발명의 목적을 밝히는 것이고, 보통 종래 기술의 문제점을 해결하는 것에 목적이 있다고 적습니다.*

【과제의 해결 수단】

상기한 목적을 달성하기 위한 부삽은, 과립연료나 불씨나 재를 포함한 이송물을 수용하는 수용공간을 갖는 수거부와, 상기 수거부에 장착되어 작업자가 손으로 잡는 작업부, 그리고 상기 수거부의 후방상부측에 장착되어 상기 수용공간에 수용된 이송물이 상부측 방향으로 이동되는 것을 방지하는 상면막음부를 포함할 수 있다.

☞ (해설) 이 부분은 발명의 목적을 이루기 위해 어떠한 구성을 채택하였는지를 서술해 주는 부분입니다.

【발명의 효과】 이상과 같이, 본 발명은 상면막음부 또는 측면막음부에 의해 부삽의 수용공간에 퍼 담아진 이송물이 이동되는 것이 방지되므로, 이송물의 낙하나 비산으로 인한 주변 오염의 방지는 물론 이송물 중의 불씨로 인한 화재사고가 예방되는 효과를 적어도 포함한다.

☞ (해설) *발명이 종래 기술과 비교하여 어떠한 효과를 갖는지 서술하는 부분이고, 매우 중요한 부분이니 이 부분이 잘 표현되어 있는지 살펴보시면 좋을 것 같습니다.*

【도면의 간단한 설명】

【도 1】 본 발명의 실시예 1에 따른 부삽을 도시한 사시도

(이하, 생략)

☞ (해설) *발명을 말로만 설명하면 어려우니, 좀 더 나은 이해를 위해서 도면을 삽입하고, 이 단락에서 삽입한 도면에 대한 간단한 설명을*

하게 됩니다. 쉽게 이야기해서 도면에 제목을 붙인다고 생각하시면 되겠습니다.

【발명을 실시하기 위한 구체적인 내용】
도 1에서와 같이, 본 발명에 따른 부삽(1)은, 과립연료나 불씨나 재를 포함한 이송물을 수용하는 수용공간(2a)을 갖는 수거부(2)와 상기 수거부(2)에 장착되어 작업자가 손으로 잡는 작업부(3), 그리고 상기 수거부(2)의 후방상부측에 장착되어 상기 수용공간(2a)에 수용된 이송물이 상부측 방향으로 이동되는 것을 방지하는 상면막음부(4)를 포함한다.

(이하, 생략)

☞ (해설) 발명에 대해 상세히 설명해 주는 단락으로서, 도면과 함께 단락을 읽다 보면 발명이 어떻게 구성되는지 쉽게 파악할 수 있고, 이 부분에 자신의 발명이 정확하게 서술되어 있는지, 빠진 것들은 없는지 확인하면 좋을 것 같습니다.

【청구범위】
【청구항 1】
이송물을 수용하는 수용공간(2a)을 갖는 수거부(2)와;
상기 수거부(2)에 장착되어 작업자가 손으로 잡는 작업부(3); 및
상기 수거부(2)의 후방상부측에 장착되어 상기 수용공간(2a)에 수용된 이송물이 상부측 방향으로 이동되는 것을 방지하는 상면막음부(4);

를 포함하는 것을 특징으로 하는 이송물의 낙하 및 비산 방지 기능을 갖는 부삽.

(이하, 생략)

☞ *(해설)* 발명은 물건의 형태로 등록되는 것이 아니라 언어로 등록됩니다. 즉, 청구범위는 철수가 들고 온 사진 속 발명품을 언어로 표현했다고 생각하시면 됩니다. 위 청구항 1을 살펴보면, 부삽은, 수거부, 작업부, 상면막음부를 포함하고, 상면막음부가 이송물을 상부측 방향으로 이동되는 방지하는 기능을 갖는다고 이해되실 겁니다. 이와 같이 청구범위는 발명의 핵심 구성 위주로 명확하고 간결하게 기재하여야 합니다. 한편, 이러한 청구범위는 매우 중요합니다. 왜냐하면, 특허 심사의 대상이고, 등록 후에는 권리범위가 되기 때문입니다. 권리범위란 내 발명이 미칠 수 있는 범위를 가리키는 것이고, 이 범위에서 타인이 허가 없이 실시하게 되면 특허침해가 문제되게 됩니다. 지적도를 보면 땅 경계를 표시하고 있고 그 경계를 따라 자신의 소유권을 행사할 수 있게 되는 것처럼, 특허권도 청구범위에 따라 자신의 권리를 행사할 수 있게 됩니다. 즉, 발명품과 동일한 모양이 아니더라도, 위 청구범위 해석에 기초하여 모조품이 청구범위 언어로 읽혀진다면 특허침해가 성립되게 됩니다. 그래서 최대한 권리범위를 넓게 작성하는 것이 좋은데, 이러한 부분들은*(변리사를 선임하셨다면)* 변리사님들께서 잘 작성해 주실 것입니다.

【도면】

【도 1】

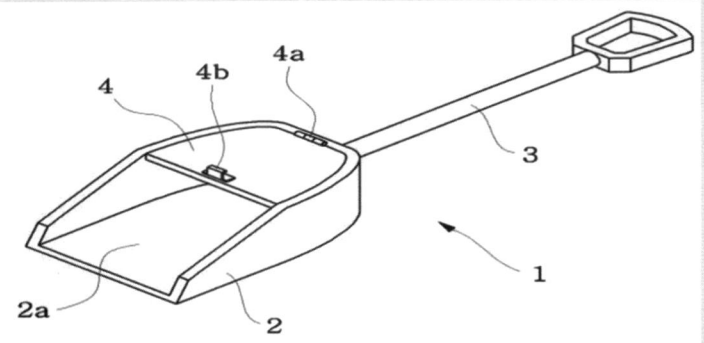

(이하, 생략)

☞ *(해설)* 도면은 그림과 부호와 함께 작성하게 됩니다. 여기서 도면 부호가 발명의 상세한 설명과 잘 일치되는지 확인하셔야 합니다. 물론 심사 도중에 보정하는 방법도 있지만, 비용 문제도 있어서 처음부터 서류를 완벽하게 꾸미시는 것이 좋겠습니다.

철수는 변리사가 보내온 특허 명세서를 검토하였고, 특히 발명의 상세한 설명과 도면 등을 검토하며 발명에 대한 설명이 제대로 나타나 있는지 확인하였고, 변리사에게 특허출원을 해달라고 답신하였습니다. 이제 발명은 특허 명세서화되었고, 특허청에 접수되었습니다.

앞으로 심사청구, 심사단계 등 거쳐야 할 많은 부분들이 남았지만, 일단 큰일은 끝냈습니다. 특허 명세서 예시로 살펴보니 그렇게 어렵지 않죠? 일정한 형식이 있고, 그에 따라 기술하면 되어 혼자서도 할 수 있습니다.

다만, 법률용어 등에 익숙하지 않고, 청구범위는 심사의 대상이기도 하고, 권리범위이기도 하여서, 심사단계를 뚫고 등록을 받고 최대한 넓은 권리범위를 행사하고 싶다면 아무래도 전문가인 변리사에게 맡기는 것이 바람직하겠죠?

특허절차 3
: 심사청구

이용훈

    특허를 출원했다면, 특허청은 특허를 받을 수 있는지를 심사하게 됩니다. 그런데 특허출원된 모든 발명을 바로 심사를 하진 않습니다. 특허법은 심사청구가 있을 때에만 이를 심사한다고 되어 있고, 심사청구를 할 수 있는 기간을 정하고 있습니다(특허법 제59조).

    따라서 특허에 대한 심사를 받기 위해서는 반드시 정해진 기간 내에 심사청구를 해야 합니다. 그렇지 않다면, 특허법에 따라 특허출원은 취하한 것으로 보게 됩니다. 이러한 제도를 둔 건 출원된 발명별로 서로 다른 경제 기술적 가치가 요구되고, 심사촉진 도모 등의 이유이고, 다른 나라들도 마찬가지로 심사청구 제도를 두고 있습니다.

    심사청구서는 다음 기재사항을 전부 기재하여 특허청에 제출하면 됩니다. 특허출원과 동시에 심사청구를 진행할 수도 있는데, 이런 경우에는 특허출원서에서 심사청구 표시하면 됩니다.

■ 특허법 시행규칙 [별지 제22호서식] <개정 2018. 5. 29.> 　　　　　　　　　　　특허로(www.patent.go.kr)에서 온라인으로 제출 가능합니다.

심사청구(우선심사신청)서

(앞쪽)

【구 분】 □ 심사청구　□ 우선심사신청
【제출인】
　【성명(명칭)】
　【특허고객번호】
　【사건과의 관계】 □ 출원인　□ 국제출원인　□ 제3자
【대리인】
　【성명(명칭)】
　【대리인번호】
(【포괄위임등록번호】)
【사건의 표시】
　【출원번호(국제등록번호)】
(【디자인의 일련번호】)
　【발명(고안)의 명칭[디자인의 대상이 되는 물품, 상품류]】
(【기타사항】 □ 심사유예신청 □ 선행기술(디자인)조사의뢰된 출원
(【유예희망시점】심사청구일 후 24개월이 지난 때부터 (　)개월)
(【심사청구료 납부유예】 □필요 □불필요)
(【선행기술조사의뢰정보】)
　(【의뢰기관】)
　(【의뢰일자】)
　(【국제특허분류】)
위와 같이 특허청장에게 제출합니다.

　　　　　　　　　　　　　　　제출인(대리인)　　　　(서명 또는 인)

【수수료】(기재요령 제6호 참조)
(【수수료 자동납부번호】)
　(【심사청구료】　　　항　　　원)
　(【우선심사신청료】　　　　원)
【첨부서류】 법령에서 정한 서류 각 1통(기재요령 제8호 참조)

210㎜×297㎜[백상지 80g/㎡]

| 심사청구서 양식

제3장 특허권의 획득

원칙적으로 심사는 심사청구의 순서에 따라 실체심사를 진행하게 됩니다. 그런데 특수한 상황으로 심사를 빠르게 받고 싶다면 어떻게 하면 될까요? 이럴 땐 우선심사제도를 이용하시면 되겠습니다.

우선심사제도란 일정 요건을 만족하는 출원에 대해서 심사청구 순위와 관계없이 다른 출원보다 먼저 심사하는 제도입니다. 우선심사는 심사청구가 되어 있는 출원을 대상으로 하므로 우선심사 신청인은 심사청구 시 또는 심사청구 후 필요할 때 우선심사를 신청할 수 있습니다. 다만, 우선심사 청구비용은 **20만 원**을 내야 합니다.

우선심사 대상의 요건은 아래와 같습니다.

1) 제삼자가 특허출원된 발명을 실시하고 있다고 인정되는 경우
2) 대통령으로 정하는 특허출원으로 긴급하게 처리할 필요가 있다고 인정되는 경우

그렇다면 일반심사와 우선심사는 중간서류, 즉 의견제출통지서의 발행까지 얼마나 소요될까요? 특허청 발간 심사지침서에 따르면, 일반심사는 심사청구 순서대로라고 그 처리 기간이 상당히 유동적으로 기재하고 있는 반면, 우선심사는 심사단계에 대해 스케줄이 정해져 있고, 그 기간도 일반심사보다 짧아서 대략 5~6개월 내로 중간서류를 받아볼 수 있습니다.

사례

철수는 벤처기업의 확인을 받은 스타트업을 운영하고 있습니다. 기술 모방을 방지하고 빠른 시장 선점을 위해 특허출원을 결심합니다. 변리사는 특허출원과는 별도로 심사청구를 해야 하는데, 심사청구에는 일반심사와 우선심사가 있고, 철수는 우선심사 대상에 해당된다고 하면서 일반심사보다 빠르게 결과를 받아볼 수 있다고 했습니다. 다만, 우선심사 청구비용으로 20만 원에 대리인 비용이 추가 발생한다고 하였습니다. 철수는 비용 때문에 살짝 고민이 되었지만, 빠른 권리화로 시장을 선점해야 하는 사정상 우선심사로 진행하기로 하였습니다.

특허절차 4
: 중간서류

이용훈

특허청에 특허출원을 하고 심사청구를 하면, 특허청 소속 심사관은(일반적으로 심사청구 순서에 따라) 특허요건을 심사하게 됩니다. 특허요건을 심사한다는 것은 담당 심사관이 담당하고 있는 특허출원발명이 특허를 받을 수 있는 것인지 아닌지를 판단한다는 것이고, 그 판단은 "의견제출통지서"란 문서의 형태로 출원인에게 전달됩니다. 오늘은 "의견제출통지"란 무엇이고, 이에 대해 출원인의 대응은 어떤 것이 있는지 간단히 설명해 드리고자 합니다.

1. 의견제출통지서

심사관은 (심사청구된) 특허출원에 대한 특허요건을 심사하게 되는데, 특허요건(특허법 제29조, 제42조 등)을 만족시키지 못하면 거절이유를 기재한 의견제출통지서를 출원인에게 보내고, 이에 대해 출원인이 대응할 수 있도록 기회를 부여합니다.

의견제출통지서는 출원발명이 왜 특허를 받을 수 없는지, 심사관이 생각하는 거절이유가 상세히 기재되어 있습니다. 예를 들어, 청구항 몇 항에 어떠한 기재가 있는데, 그 기재의 의미가 불명확하여 출원발명을 불명확하게 하므로 특허를 받을 수 없다든지, 또는 (출원일 전 공개된) 선행발명들에 의해 신규하지 않거나 진보하지 않으므로 특허를 받을 수 없다는 등의 판단이 기재되어 있습니다.

이러한 의견제출통지에 대응해서, 출원인은 심사관의 거절이유에 대해, 의견서 및/또는 (법정 기한 내) 보정서를 제출할 수 있습니다.

"의견서는 심사관의 거절이유에 대한 출원인의 의견을 기재하여 제출하는 서류를 일컫는데, 이런저런 이유로 심사관의 거절이유가 부당하기에 거절이유가 해소되어야 한다 등의 내용을 기재하게 됩니다. 심사관의 의견서를 읽고 출원인의 주장과 함께 거절이유를 다시 판단하기 때문에, 내용은 상당히 논리적이고 설득적이어야 합니다. 무조건 우기는 듯한 내용이거나 감정에 호소하는 글이라면 심사관은 바로 거절결정을 내릴 테니까요.

보정서는 청구항 등 출원 명세서의 수정 사항을 기재한 서류를 일컫는데, 심사관의 거절이유가 일응 타당하긴 하지만, 발명 전체적으로 보았을 때 약간의 청구범위를 보충, 정정하여 등록될 수 있다는 판단하에 거절이유를 해소하는 방향의 보정을 진행하게 됩니다."

실무적에서는 의견서와 함께 보정서를 제출하는 경우가 많고, 의견서만 제출하는 경우는 그리 많지 않습니다. 왜냐하면, 선행발명들과의 차별점을 보다 강조하기 위해 어느 정도 청구범위를 구체화하여 좁히는 것이 필요하기 때문입니다. 물론, 보정 없이 의견서로만 대응하여 특허등록이 되는 경우도 있지만, 이를 위해선 심사관 자신이 1차적으로 내린 심사결과를 스스로 뒤집을 정도로, 심사관의 거절이유를 아주 논리정연하게 반박하여야 합니다(쉽지 않겠죠?).

심사관은 출원인이 제출한 의견서 및/또는 보정서를 참고하여 다시 심사하며, 특허결정 또는 특허 거절결정을 하게 됩니다.

정리하면, 의견제출통지는 특허출원을 한다면 반드시 거쳐야만 하는 절차입니다(간혹 예외적으로 의견제출통지 없이 등록되는 경우가 있습니다). 간혹 의뢰인 중에 특허 심사절차에 익숙하지 않은 분들은 의견제출통지가 나왔다고 하면, "내 특허가 가망이 없나 보구나."라며 좌절하는 경우가 종종 있습니다. 하지만, 모든 특허출원이 의견제출통지에 의해 거절되는 것은 아닙니다.

이 글을 읽는 독자분들께서는 의견제출통지가 나왔다면 "심사관의 거절이유에 어떠한 논리적인 허점 또는 판단되지 않은 내 발명의 기술적 특징이 있는지를 분석하고, 의견서 및/또는 보정서를 통해 내 생각을 잘 어필하여 등록을 도모할 수 있다."라고 이해하시면 좋을 것 같습니다. 의견제출통지는 말 그대로 출원인의 발명이 특허를 받을 수 있다는 "의견"을 제출하라는 통지니까요.

2. 의견제출통지서에서의 거절이유

특허청(심사관)은 특허출원이 특허법 등에서 규정한 특허요건을 만족하는지 여부를 심사하고, 출원인에게 의견제출통지서 형태로 거절이유를 통지합니다. 거절이유는 **출원발명과 관련된 거절이유**와 **명세서 기재방법 등과 관련된 거절이유**가 대표적으로 이하 상세히 살펴보겠습니다.

가. 출원발명과 관련된 거절이유

출원발명은 특허법 제2조(성립성), 제29조(산업상 이용가능성, 신규성, 진보성), 제32조(불특허발명)를 만족하는 발명이어야 합니다.

1) 성립성

우리나라는 "자연법칙을 이용한 기술적 사상의 창작으로서 고도한 것"을 발명이라 정의하고, 이에 해당하지 않은 것들은 발명의 성립성을 인정하지 않는 것으로 보고 특허를 주지 않습니다. 예컨대, 자연법칙에 위배되는 영구기관과 같이 자연법칙을 위배한 것이나, 수학 법칙, 알파벳, 숫자 기호 등을 조합하여 암호를 작성하는 방법과 같이 자연법칙을 이용한 기술사상이 아니거나, 반복하여 동일한 효과를 얻을 수 없거나, 미적 창조물, 컴퓨터 프로그램 그 자체, 미완성 발명 등은 발명에 해당하지 않는 유형으로 보고, 특허 거절을 하게 됩니다. 특허법에서 규정한 발명을 벗어나기에 일반적으로 다투기도 어렵습니다.

2) 산업상 이용가능성

우리나라는 인도적, 윤리적 측면에서 인간을 대상으로 하는 수술, 치료, 진단 방법과 같은 의료방법/행위는 산업상 이용 가능성이 없다고 보고 있습니다. 따라서 수술 방법은 출원하면 높은 가능성으로 거절됩니다. 다만, 미국은 의료방법의 특허성을 인정하되, 의료인의 의료행위에 대해 특허권의 효력이 미치지 않는 것으로 규정하고 있어서, 우리나라도 수술 방법 등에 대해 산업상 이용가능성을 인정하자는 논의가 진행되고 있습니다.

3) 신규성 및 진보성

특허권은 특허권자에게 특허발명을 독점하여 실시할 수 있는 강력한 효력을 발생시킵니다(배타적 관점에서 바라보는 학설도 있음). 즉, 특허권자는 특허발명을 독점하여 실시하고, 특허침해가 이루어지면 민사적으론 손해배상, 침해금지청구가 가능하고, 형사적으로 침해죄를 물을 수 있습니다. 이처럼 특허권은 이해관계인들(예컨대, 경쟁업체)에게 큰 영향을 미칠 수 있습니다. 따라서 특허청(심사관)은 출원 심사 단계에서 출원발명이 출원 당시의 선행기술과 동일하거나, 그 선행기술과 차별점이 무엇인지 면밀하게 검토합니다. 만약, 출원 당시 기준으로 출원발명이 선행발명과 동일하다면 신규성 결여라는 거절이유, 다소 차이가 있지만 설계변경에 해당하거나 여러 선행발명의 조합으로 쉽게 도출된다고 판단되면 진보성 결여라는 거절이유를 통지하고, 이를 극복하지 못하면 특허출원을 거절하게 됩니다.

4) 불특허발명

공공의 질서 또는 선량한 풍속에 어긋나거나 공중의 위생을 해칠 우려가 있는 발명은… 특허를 주지 않습니다. 성인용품 등이 대표적인 예이겠습니다.

나. 명세서 기재방법과 관련된 거절이유

출원 명세서(청구범위포함)는 특허법 제42조에 따라 기재방법을 만족시켜야 합니다. 예컨대 발명의 설명에 관한 기재방법, 청구범위 기재방법, 다항제 기재방법, 하나의 특허출원의 범위 등을 만족시켜야 합니다. 각각의 세부 규정들은 매우 복잡하고, 광범위하나, 그 취지는 명확하고 간명하게 기재되어야 한다는 것입니다. 공적인 권리범위 속부 판단은 심판원이나 법원에서 하게 되는데, 청구범위 등의 해석이 불명확하다면, 실시 제품이 특허 권리범위에 속하는지 여부를 판단할 수 없고, 그렇다면 특허권이 있어서 비침해 판단을 받거나, 불명확하다는 이유로 특허권의 무효가 될 수 있습니다.

정리하면, 특허청(심사관)은 출원 특허에 대해 특허법에서 정한 특허요건을 만족하는지를 심사하고 거절이유를 통보하게 됩니다. 실무적으로 자주 인용되는 특허요건(거절이유)은 앞서 설명해 드린 바와 같고, 그 내용을 보면 다소 주관적임을 알 수 있습니다. 이는 우리나라의 정책 방향, 기술 발전 정도, 사회적 분위기 등을 종합적으로 고려하여 실무적으로 또는 판례 등으로 정해진 것들이기 때문입니다. 아무튼 이러한 거절이유를 극복하지 못하면 특허결정을 받을 수 없습니다. 따라서 출원인(발명자) 입장에서는 특허출원 전 명세서 준비 단계에서 발명을 특허요건에 맞게 기재할 필요가 있고, 특허 심사단계에서 위와 같은 거절이유가 발생할 시, 특허실무(심사지침, 판례 등)에 맞게 대응하여야 합니다.

특허절차 5
: 등록

도태현

  발명(출원서)에 대한 거절이유가 없어 심사가 완료되면, 특허청에서 등록결정서를 받게 됩니다. 등록결정서를 받게 된다고 하여 바로 특허권을 획득하는 것은 아니고, 특허청에 등록료를 납부하면 등록료를 납부한 시점부터 특허권을 획득하게 됩니다.

  이하에서는, 등록결정서를 받고 등록료를 납부하여 특허권을 획득하기 전까지의 시간 동안 고려하면 좋을 포인트를 두 가지 설명드리겠습니다.

1. 분할출원

등록결정서를 받고 등록료를 내기 전까지의 시간 동안 분할출원을 할 수 있습니다. 분할출원은 등록결정서를 받은 발명(출원)과 내용이 동일하나 권리범위가 다른 특허를 획득하기 위한 수단입니다.

현재 등록결정서를 받은 발명(출원)의 권리범위가 마음에 들지 않으신 경우 분할출원을 통해 다른 권리범위로 특허획득을 시도해 볼 수 있습니다. 권리범위에 대한 재설계가 가능하기 때문에, 분할출원을 해 놓는 것이 등록된 특허를 보고 추후에 진입하는 카피캣(copycat)에 대한 좋은 대응안이 될 수 있습니다.

또한, 이미 심사를 거친 내용이기 때문에 특허청에서 소요되는 심사기간도 짧고 변리사에게 지불해야 할 대리인 비용도 좀 더 저렴한 장점도 있습니다. 따라서, 진행하고 계신 각종 인증이나 정부과제 등에 특허와 관련된 정량적인 점수가 있다면, 분할출원을 통해 빠른 시간 내에 저렴한 비용으로 특허의 개수를 늘려 점수를 확보할 수도 있습니다.

2. 특허 연차등록료

한편, 등록된 특허에 대해 매년 비용이 발생합니다. 최초에 납부하는 등록료에 3년 치의 특허료가 포함되어 있기 때문에 많이 간과하시지만, 3년이 지난 이후부터는 매년 등록된 특허에 대한 특허료를 납부하여야 합니다.

◆ 등 록 ◆

	구분	금액
	설정등록 (1~3년)	매년 12,000원 + 청구범위 1항마다 4,000원
연차등록	4~6년	매년 25,000원 + 청구범위 1항마다 9,000원
	7~9년	매년 60,000원 + 청구범위 1항마다 14,000원
	10~12년	매년 160,000원 + 청구범위 1항마다 20,000원
	13~15년	매년 240,000원 + 청구범위 1항마다 20,000원

| 출처: 특허청 특허고객상담센터-FAQ-수수료

위와 같이, 청구항의 개수에 비례하여 비용이 계산되기 때문에 청구항의 개수가 많을수록 매년 납부해야 하는 특허료가 증가합니다. 따라서, 등록결정된 발명(출원서)을 검토하실 때 유용한 청구항들만 남겨 놓고 쓸모없는 청구항들에 대해 포기하시면 매년 발생하는 특허료를 절약할 수 있습니다. 물론, 청구항의 개수가 엄청나게 많은

경우가 아니라면 큰 비용 차이가 발생하는 것은 아닙니다.

   참고로, 등록된 특허권은 특허청 DB인 키프리스[06]에서도 확인하실 수 있는데요, 특허권의 효력은 등록료를 납부한 시점부터 바로 발생하지만, 특허청 DB에는 등록료를 납부하고 1~2주 후에 게시됩니다.

   등록된 특허권에 대한 증빙자료를 제출해야 하는데 아직 키프리스에 게시가 안 된 경우에는, 특허청으로부터 등록되었음을 증빙하는 서류를 받으실 수 있습니다. 보통은 변리사를 통해 진행하시는 경우가 많으시니, 해당 출원을 진행했던 변리사에게 부탁하면 손쉽게 특허청으로부터 서류를 발급받을 수 있습니다.

---

[06] 키프리스; http://www.kipris.or.kr

특허획득 소요기간

도태현

특허권을 이용해 자금을 융통할 계획이 있는 경우 일단 특허권을 획득해야 은행에 담보대출을 신청할 수 있으므로, 특허권을 얻을 수 있는 예정일이 중요할 것입니다. 또한, 특허권의 보유 여부에 따라 가점이 부여되는 정부지원사업에 신청할 계획이 있는 경우 사업 신청 마감일까지 특허권이 확보되어야 하므로 특허권을 얻을 수 있는 예정일이 중요할 것입니다.

특허권을 활용해야 하는 시기에 특허권이 확보되지 않는다면 낭패이므로, 특허권의 활용 계획이 있다면, 특허권 획득에 소요되는 기간을 고려해야 합니다.

그렇다면, 특허권을 획득하는 데는 대략 어느 정도의 기간이 소요될까요?

특허권의 획득까지는, 변리사를 만난 순간부터 단 3개월의 기간이 소요될 수도 있고, 경우에 따라 2년 이상의 기간이 소요될 수도 있습니다.

이러한 기간의 차이는 왜 발생하는 것일까요?

이를 알기 위해서는, 특허권의 획득까지 어떤 절차들이 필요한지 대략적으로 알 필요가 있습니다. 특허권을 획득하기까지 소요되는 기간은 크게 계약부터 출원까지 소요되는 기간(1)과 출원부터 등록까지 소요되는 기간(2)으로 분류될 수 있습니다.

1. 계약부터 출원까지 소요되는 기간

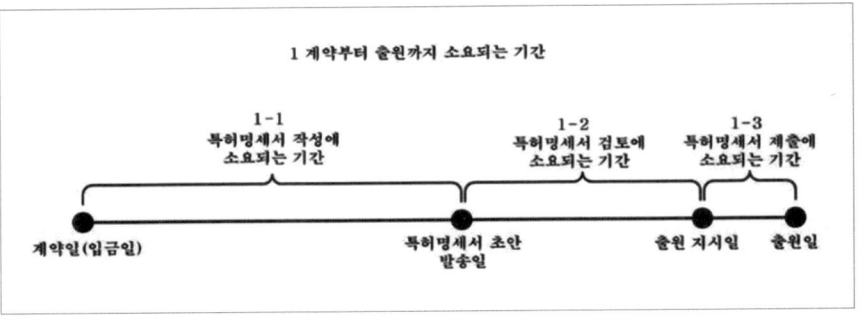

| 계약 - 출원 소요기간

위 그림을 보시면, 계약부터 출원까지 소요되는 기간(1)은, 특허 명세서 작성에 소요되는 기간(1-1), 특허 명세서 검토에 소요되는 기간(1-2), 특허 명세서를 특허청에 제출하는 데 소요되는 기간(1-3)으로 분류됩니다. 아래 표에 간단히 정리해 보았습니다.

대분류	소분류	정의	기간
1	1-1	변리사가 특허명세서 초안을 작성하는데 소요되는 기간	통상적으로, 1개월정도 소요
	1-2	고객이 완성된 특허명세서 초안을 검토하고 수정이 필요한 부분을 수정하는데 소요되는 기간	통상적으로, 수정하는데 2주일정도 소요
			수정이 필요 없다면 소요되는 기간 없음
	1-3	특허명세서를 특허청에 제출하는데 소요되는 기간	통상적으로, 1일

| 계약 – 출원 소요기간

먼저, 1-1은 변리사가 고객의 기술을 듣고 특허 명세서를 작성하는 데 소요되는 기간입니다. 통상적으로, 특허법률사무소는 착수금이 입금된 시점부터 기산하여 기간을 정하고, 정해진 기간 내에 고객에게 특허 명세서를 제공하기로 계약합니다. 이 기간은 특허법률사무소마다 다르지만, 통상적으로 1개월 정도를 기간으로 정합니다.

다음으로, 1-2는 작성된 특허 명세서를 받은 고객이 자신의 기술이 특허 명세서에 제대로 표현되어 있나 검토하고, 수정이 필요한 부분이 있다면 변리사가 이를 수정하는 데 소요되는 기간입니다. 통상적으로 2주 정도면 고객과 커뮤니케이션을 통해 수정이 완료되며, 수정 사항이 없다면 별도로 시간이 소요되지 않습니다.

마지막으로, 1-3은 검토가 완료된 특허 명세서를 특허청에 제출하는 데 소요되는 시간입니다. 제출은 온라인으로 이루어지므로 많은 시간이 소요되지 않습니다. 통상적으로 1일이면 충분합니다.

정리하면, 계약부터 출원까지 소요되는 기간(1)은 빠르면 1개월 정도가 소요되고 늦어지면 1개월 3주 정도가 소요됩니다. 물론, 급한 경우에는 변리사와 커뮤니케이션을 통해 이를 조금 당길 수도 있고, 반대로, 변리사가 일이 너무 많아 지연될 수도 있습니다.

2. 출원부터 등록까지 소요되는 기간

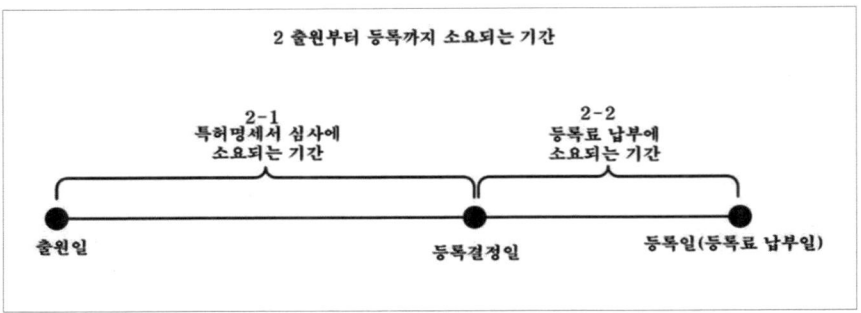

| 출원 - 등록 소요기간

위 그림을 보시면, 출원부터 등록까지 소요되는 기간(2)은, 특허명세서 심사에 소요되는 기간(2-1)과 등록료 납부에 소요되는 기간(2-2)으로 분류됩니다. 아래 표에 간단히 정리해 보았습니다.

대분류	소분류	정의	기간	
2	2-1	특허청 심사관이 등록여부를 결정하기 위해 특허명세서를 심사하는데 소요되는 기간	일반	1년 6개월 ~ 2년
			우선심사	6개월 ~ 1년
			우선심사 + 예비심사	3개월 ~ 6개월
	2-2	고객에게 등록결정 되었음을 보고하고, 고객으로부터 등록료를 받아 특허청에 납부하는데 소요되는 기간	등록결정일로부터 3개월 이내에 납부(빠르게 납부할수록 빠르게 등록됨)	

| 출원 - 등록 소요기간

먼저, 2-1은 특허청의 심사관이 특허 명세서를 살펴보고 특허권을 부여할지를 결정하기 위해 심사하는 데 소요되는 기간입니다. 다른 기간들과는 다르게 2-1은 상당히 변동성이 심한 기간입니다. 즉, 엄청나게 단축될 수도 있고, 엄청나게 지연될 수도 있는 기간입니다.

심사를 신청하는 방법은 일반심사, 우선심사, 우선심사+예비심사로 분류될 수 있는데, 우선심사를 신청하는 경우 특허청에 내야 하는 돈이 많아지고 심사하는 데 소요되는 기간이 줄어듭니다. 즉, 돈을 더 많이 내면 특허청이 좀 더 빨리 심사를 해줍니다.

특허청으로부터 등록결정을 받는 데까지, 일반심사의 경우 1년 6개월에서 2년 정도가 소요되고, 우선심사의 경우 6개월에서 1년 정도가 소요되며, 우선심사+예비심사의 경우 3개월에서 6개월 정도가 소요됩니다.

다만, 이러한 기간들은 저의 실무 경험상 통상적인 경우들을 말씀드리는 것이고, 심사에 소요되는 기간은 실제로 더 짧아질 수도, 길어질 수도 있습니다.

마지막으로, 2-2는, 특허청으로부터 등록결정을 받고 등록료를 납부하는 데까지 소요되는 기간입니다. 등록결정을 받았다고 해서 특허권을 획득하는 게 아니고, 특허청에 등록료를 납부해야 특허권을 획득하게 됩니다. 등록료는 등록결정일로부터 3개월 이내에 납부해야 하며, 빠르게 내면 빠르게 낼수록 특허권을 빠르게 획득하게 됩니다.

즉, 등록까지 소요되는 기간(2)은, 빠르면 3개월 정도가 소요되고 늦어지면 2년 정도가 소요됩니다. 물론, 심사관과 협의가 잘 안 될 경우 2년보다 훨씬 많은 기간이 소요될 수도 있습니다(변리사의 실력이나 고객의 기술의 우수성에 따라 달라지겠죠?). 여기까지 읽으셨으면 느끼셨겠지만, 특허권을 획득하기까지 소요되는 기간은 변동이 심하기 때문에 얼마나 걸린다고 확언하기가 무척이나 어렵습니다. 실제로 변리사와 상담을 해보면 얼마나 걸린다고 확언하시는 변리사분들은 거의 없을 겁니다. 다만, 변리사에게 빠르게 등록받아야 함을 강하게 어필하신다면 적어 드린 기간 내에 등록이 나올 가능성이 높습니다.

정리하면, 일반심사로 신청하시는 경우 변리사를 만난 시점부터 1년 8개월~2년 2개월 사이, 우선심사로 신청하시는 경우 변리사를 만난 시점부터 8개월~1년 2개월 사이, 우선심사+예비심사로 신청하시는 경우 변리사를 만난 시점부터 5개월~8개월 사이에 특허권을 획득하실 가능성이 큽니다. 다만, 변리사의 실력, 기술의 우수성, 변리사와 고객 사이의 커뮤니케이션 등에 따라 단축되거나 지연될 수 있습니다.

특허절차 비용

도태현

특허를 받기 위해 변리사들과 상담을 해본 경험이 있는 분이라면 아래와 같은 고민을 해보셨을 것 같습니다. 변리사들마다 왜 이렇게 비용이 차이가 날까? 그렇다면 어떤 변리사를 선택해야 하지? 제일 저렴한 변리사에게 맡겨야 하나?

비용 상담을 위해 변리사를 만나면 가격에 대해 상세히 설명을 해주지만, 원체 비용들이 짜여진 구조가 복잡해서 짧은 설명만으로는 무슨 소리인지 이해하기 어려운 경우가 많습니다.

어째서 비용의 차이가 발생하는 걸까요? 많은 요인들이 있겠지만 비용의 차이를 발생시키는 주요한 요인들은 두 가지입니다. 바로 특허청에 심사를 청구하는 방식(1)과 변리사 인건비(2)입니다.

이를 이해하기 위해서는 우선 변리사가 청구하는 비용들의 종류에 대해 간략하게 알아볼 필요가 있습니다.

변리사가 청구하는 비용들은 크게 특허청에 납부하는 비용과 변리사의 인건비 두 가지로 구분됩니다. 기술에 특허성이 있는지 판단하는 공무원들(심사관 등)의 노동력과 기술을 문서(특허 명세서)로 작성하는 변리사의 노동력에 대한 비용이 든다고 생각하시면 좀 더 직관적으로 느껴지실 것 같네요.

	명세서 작성 비용	등록 성사 비용
변리사	1,800,000~6,000,000	
	출원 및 심사 비용	등록 비용
특허청	일반심사 150,000	120,000
	우선심사 350,000	
	예비심사 350,000	

| 특허절차 비용 예시

1. 특허청 관납료

특허청에 납부하는 비용을 보시면, 출원 및 심사 비용은 특허성을 판단하는 특허청 공무원의 인건비에 해당하는 비용이고, 등록 비용은 특허성에 대한 심사를 통과하였을 때 추가로 특허청에 납부해야 하는 비용입니다.

개인 및 중소기업에 대한 출원 및 심사 비용과 등록 비용은 대체적으로 위 표에 적혀진 금액과 유사하게 측정될 겁니다. 물론, 변리사가 작성한 문서(명세서)의 길이나 형태에 따라 조금 달라질 수는 있으나, 위 표에 적혀진 금액과 큰 차이가 없을 가능성이 높습니다. 다만 일반심사, 우선심사 및 예비심사라고 적혀진 부분의 금액이 다른 것을 보실 수 있습니다.

일반심사, 우선심사 및 예비심사 모두 기업의 기술이 특허성이 있는지 판단하는 것은 같으나, 심사기간이 다릅니다. 우선심사 및 예비심사로 심사를 진행하는 경우 심사기간이 짧아 일반심사보다 특허권을 빨리 획득할 수 있는데, 심사기간이 줄어든 만큼 20만 원의 추가 비용을 더 납부해야 합니다.

요약하면, 일반적으로 특허청에 납부해야 하는 비용은 27만 원 정도이고, 심사기간을 단축시키는 경우 20만 원을 추가로 납부하여 47만 원 정도가 되겠네요. 또한, 우선심사 및 예비심사의 경우 변리사가 신경 써야 할 부분이 많아지기에 변리사 비용도 함께 증가하는 경우가 대부분입니다.

즉, 심사를 청구하는 방식(1)에 따라 '20만 원+변리사 인건비 증가분'이 추가로 발생할 수 있다고 정리할 수 있겠네요. 변리사 인건비 증가분의 경우 특허사무소마다 상이하여 정확히 얼마라고 말씀드리기는 어려운 부분이나, 우선심사는 40만 원~60만 원 정도, 예비심사는 80만 원~120만 원 정도의 변리사 인건비가 추가될 수 있습니다.

2. 변리사 선임 비용

통상적으로 많은 특허사무소가 변리사 인건비를 특허청에 제출한 문서(명세서)를 작성하는 비용인 착수금과 특허등록에 성공했을 때의 성공보수로 나누어 받습니다만, 표에서는 이들을 통합하여 대략적으로 기재하였습니다.

변리사 비용을 200만 원보다 저렴하게 받는 특허사무소도 있고, 600만 원보다 비싸게 받는 특허사무소도 있습니다. 이처럼, 변리사 인건비는 특허사무소에서 자체적으로 책정하기 때문에 많은 편차가 발생합니다. 이러한 편차는 위에서 말씀드린 심사를 청구하는 방식에 따른 변리사 인건비 증가분에 따라 발생할 수도 있으나, 근본적으로는 특허사무소에서 책정하는 변리사 인건비가 상이하기 때문에 발생합니다.

즉, 변리사 인건비(2)의 차이는 심사를 청구하는 방식에 따른 변리사 인건비 증가와 특허사무소마다 상이한 인건비 책정에 의해 발생한다고 정리할 수 있겠네요.

비용이 과다하게 저렴할 경우, 단기적으로는 경제적으로 이득이라고 생각하실 수 있겠습니다. 다만, "싼데 좋은 건 없다."라는 격언처럼, 너무 낮은 비용만을 추구할 경우 등록 가능성 측면에서 불리해질 수 있고, 발명의 핵심적인 기술적 특징에 대해 효과적인 권리범위를 확보하기 어려운 경우가 생길 수 있습니다. 따라서, 변리사를 선택하실 때는 비용이 저렴한 특허사무소만을 찾으시기보다는 그 특허사무소의 실적이나 인원 구성 등을 고려하셔서 계약하시는 걸 추천해 드립니다.

공동특허

도태현

발명에 대해 특허를 신청할 권리는 발명자에게 주어집니다. 다만, 여러 명이 함께 발명한 경우 발명자 모두에게 특허를 신청할 권리가 주어지며, 특허를 신청할 권리는 계약에 의해 양도될 수도 있습니다. 즉, 하나의 발명에 대해 특허를 신청할 권리를 여러 명이 가질 수 있으며, 이 경우 공동으로 특허를 신청하는 것이죠.

예를 들어, 투자자가 발명자에게 비용을 투자하고 특허를 신청할 권리를 일부를 양도받아 발명자와 공동으로 특허를 신청할 수 있습니다. 발명자와 발명자로부터 돈을 주고 특허를 신청할 권리를 구매한 자가 함께 특허를 신청할 수 있는 거죠.

혼자 특허를 신청하는 것과 달리 공동으로 특허를 신청하는 경우 지분을 명시해야 하며, 특허가 등록되는 경우 특허를 신청한 사람들이 지분대로 특허를 공유하게 됩니다.

다만, 여기서 주의할 점이 있습니다. 지분과 무관하게 특허를 공유하는 사람들은 모두 자유롭게 특허를 사용할 수 있다는 점입니다. 특허에 대한 A의 지분이 1%이고 특허에 대한 B의 지분이 99%라고 하더라도 A, B 모두 특허를 자유롭게 실시할 수 있는 것이죠.

즉, 특허를 공유하고 있는 사람들 중 설비의 수준이나 자본력이 월등한 사람이 특허를 지배해 버리는 문제가 발생할 수 있습니다.

만약, A가 연구를 주로 하는 회사이고 B가 생산을 주로 하는 회사라면, A는 개발한 기술에 대해 로열티를 받거나 판매해서 수익을 내는 것이 목적이고, B는 개발한 기술을 이용해 제품 또는 서비스를 판매하여 수익을 내는 것이 목적일 것입니다. 이런 상황에서 A와 B가 별도의 계약 없이 공동으로 특허를 신청한다면 B가 A의 동의 없이 기술을 마음껏 이용해 제품이나 서비스를 판매하는 상황이 발생하는 것이죠. 이런 경우에 A는 사전에 B와 별도의 로열티 계약을 필수적으로 체결해야 합니다.

공동으로 특허를 신청하시는 경우, 공동으로 신청자와 생산 설비의 수준 또는 자본력이 월등히 차이가 난다면 별도의 로열티 계약을 반드시 고려해 보는 것을 추천해 드립니다.

직무발명

도태현

  직무발명은 "종업원, 법인의 임원 또는 공무원(이하 "종업원 등"이라 한다)이 그 직무에 관하여 발명한 것이 성질상 사용자·법인 또는 국가나 지방자치단체(이하 "사용자 등"이라 한다)의 업무 범위에 속하고 그 발명을 하게 된 행위가 종업원 등의 현재 또는 과거의 직무에 속하는 발명"을 의미하며, 발명진흥법 제2조 제2호에 정의되어 있습니다.

  직무발명과 관련해서는, **1)** 직무발명에 해당하는지, **2)** 해당한다면 회사가 직무발명을 승계할 수 있는지, **3)** 보상액은 얼마인지에 대해 분쟁이 많이 일어납니다.

1. 직무발명 해당 여부

먼저, 직무발명의 범위에 대해서는 발명진흥법 제2조 제2호에 나와 있습니다. 1-1) "그 직무에 관하여 발명한 것이 업무 범위에 속할 것"과, 1-2) "그 발명을 하게 된 행위가 현재 또는 과거의 직무에 속할 것"입니다.

즉, 직무발명에 해당될 수 있는 발명의 성격과 시기를 정의하고 있습니다. 직무발명에 해당될 수 있는 발명의 성격부터 말씀드리면, 발명이 업무범위에 속해야 한다는 점입니다.

여기서 업무범위에 대한 판단은 정관에 기재된 업무 및 부대업무 등을 고려하여 비교적 넓게 해석합니다. 개인사업자의 경우 업종과 사업범위 등을 고려하여 비교적 넓게 해석합니다. 따라서, 관련성이 어느 정도 있다고 생각되시면 직무발명의 성격과 맞는 발명일 가능성이 높습니다.

또한, 발명의 시기와 관련해서, 발명이 완성된 시점을 기준으로 직무발명 여부를 판단합니다. 즉, 특허를 출원하는 시점과 무관하게 발명이 완성된 시점이 재직하고 있던 시기에 포함되는지 여부로 직무발명의 시기적 요건을 만족하는지를 판단합니다. 따라서, 발명과 관련된 자료를 회사에서 보유하고 있다면 발명이 완성된 시기가 재직하고 있던 시기임을 입증할 수 있는 증거로 활용될 수 있습니다.

2. 직무발명 승계 가부

직무발명에 해당되었을 때 회사가 직무발명을 승계할 수 있는지는 회사에서 직무발명보상제도를 도입하고 있는지에 따라서 달라집니다.

먼저, 회사에서 직무발명보상제도를 도입하고 있다면, 종업원이 발명의 완성 사실을 회사에 통지하고 회사가 승계한다는 의사를 밝히는 경우에 직무발명이 회사에 승계됩니다. 또한, 회사가 승계하지 않는다는 의사를 밝히는 경우 발명에 대한 권리는 종업원이 가질 수 있습니다. 다만, 회사가 승계하지 않는다는 의사를 밝히더라도 회사가 발명에 대해 자유롭게 실시할 수 있는 권한(통상실시권)을 갖게 됩니다. 회사가 승계 여부 자체를 알리지 않은 경우 회사는 발명에 대해 자유롭게 실시할 수 있는 권한(통상실시권)을 갖지 않습니다(다만, 종업원이 허락해 준다면 가능합니다).

따라서, 종업원의 입장에서는 회사가 승계하지 않아 종업원이 특허를 획득하더라도 회사가 자유롭게 실시할 수 있다는 점을, 회사의 입장에서는 승계 여부를 통지하지 않으면 발명을 실시할 수 있는 권한(통상실시권)을 얻을 수 없다는 점을 인지하고 계시면 좋을 것 같습니다.

회사에서 직무발명보상제도를 도입하고 있지 않다면, 종업원이 완성사실을 회사에 통지했을 때 회사가 승계 여부를 결정할 수 없습니다. 따라서, 승계 여부는 전적으로 종업원의 의사에 따라 결정됩니다. 다만, 종업원이 승계해 주지 않더라도, 회사는 발명에 대해 자유롭게 실시할 수 있는 권한(통상실시권)을 갖게 됩니다.

따라서, 종업원과 회사 모두, 직무발명보상제도가 도입되지 않은 경우 승계 여부는 종업원이 결정할 수 있으나 회사가 발명에 대해 자유롭게 실시할 수 있는 권한을 갖는다는 점을 인지하고 계시면 좋을 것 같습니다.

3. 직무발명 보상금

마지막으로, 보상액은 3-1) 직무발명에 대한 특허의 획득과 관련된 보상과 3-2) 획득한 특허를 활용함에 따라 발생한 수익에 대한 보상으로 나누어집니다.

3-1) 직무발명에 대한 특허의 획득과 관련된 보상은 회사의 규정에 따라 달라지겠지만 발명진흥회에서 배포하는 표준규정상의 보상액은 다음과 같습니다.

출원보상금		등록보상금		출원유보보상금	
특허	20만 원(국내) 30만 원(해외)	특허	50만 원(국내) 100만 원(해외)	특허	40만 원
실용신안	10만 원(국내) -	실용신안	30만 원(국내) -	실용신안	20만 원
디자인	5만 원(국내) 10만 원(해외)	디자인	10만 원(국내) 20만 원(해외)	디자인	10만 원

| 직무발명보상 표준규정상의 보상액[07]

표준규정대로라면, 직무발명에 대한 국내특허를 획득하는 경우 회사는 종업원에게 총 70만 원을 지급하고, 해외특허를 획득하는 경우 회사는 종업원에게 총 130만 원을 지급하며, 승계만 하고 출원하지 않았을 경우에는 회사는 종업원에게 40만 원을 지급하게 됩니다.

3-2) 획득한 특허를 활용함에 따라 발생한 수익은 크게 세 가지 정도로 분류될 수 있습니다.

3-2-1) 획득한 특허를 적용한 제품/서비스를 판매하여 수익을 창출한 경우, **3-2-2)** 획득한 특허에 대한 로열티 계약을 통해 수익을 창출한 경우, **3-2-3)** 획득한 특허를 판매하여 수익을 창출한 경우입니다.

각각의 경우에 대해서, 직무발명에 대한 특허가 수익에 기여한 정도, 직무발명에 종업원이 기여한 정도 등을 고려하여 종업원에게 지

07　http://www.kipa.org/ip-job/data/data03.jsp?mode=view&article_no=93025&board_wrapper=%2Fip-job%2Fdata%2Fdata03.jsp&pager.offset=0&board_no=975

급될 보상금이 결정됩니다.

  보상액은 두 종류이며, 특허 자체로 발생하는 보상금은 고정적이고 특허를 활용함에 따라 발생하는 보상금은 유동적임을 인지하고 계시면 좋을 것 같습니다.

제4장

특허권의 보호

특허권의 법적 효력

강민우

    A는 자신이 개발한 스마트폰에 대한 발명에 대한 특허출원에 대해 등록결정서를 받게 됩니다. A는 소정의 등록료를 납부하고, 특허증을 수령하게 되지요. 그렇다면, A는 이제 이 특허증을 가지고 무엇을 할 수 있을까요?
    특허법은, "특허권자는 업으로 특허발명을 실시할 권리를 독점한다."라고 규정하여(특허법 제94조), 특허권이 부여된 발명에 대해 특허권자만이 실시할 수 있음을 규정합니다.

1. "업으로서"

A는 특허권을 부여받은 스마트폰에 대한 발명을 "업으로서" 실시할 수 있는 권리를 가집니다. "업"이라는 것은 단순히 개인적, 가정적 실시 등을 제외하는 의미로 해석됨이 일반적입니다.

예를 들어, A와 아무런 관련이 없는 B가, 집에서 장비를 구해다가 A의 발명에 따라 스마트폰을 만들어 봅니다. B는 완성된 스마트폰을 가지고 집에서 동영상 감상용으로 사용합니다. 이 경우, B가 A의 발명을 실시하는 행위는 개인적인 것으로, "업으로서" 실시한다고 볼 수 없습니다. 따라서, B의 사용은 A의 특허권에 의해 제재받지 않습니다.

반면, 스마트폰 제조업자인 C가 A의 발명에 따라 스마트폰을 만들어 봅니다. 이 경우, C가 A의 발명을 실시하는 행위는 개인적이라고 볼 수 없으므로, "업으로서" 실시한다고 할 수 있습니다. 따라서, C의 사용은 A의 특허권에 의해 제재받게 됩니다.

다만, 우리 특허법은 "업으로서"라는 문구에 대해 명확하게 정의하고 있지 않습니다. 따라서, 해석하는 주체에 따라서는 위의 예시에 대한 결론이 바뀔 수도 있다는 점을 유념해 주세요.

2. "독점한다."

A는 특허권을 부여받은 스마트폰에 대한 발명을 "독점적으로" 실시할 수 있는 권리를 가집니다. 좀 더 쉽게 설명하면, 오직 "A만" 스마트폰에 대한 발명을 실시할 수 있는 것이지요.

법률 또는 A의 허락 등에 의해 정당한 권리가 없는 D가 특허권을 부여받은 스마트폰에 대한 발명을 실시할 경우, 특허법상에 규정된 바에 따라 A는 D에 대해 다양한 조치를 취할 수 있습니다.

이에 따라, A는 해당 발명을 "독점적"으로 실시할 수 있을 뿐만 아니라, 정당한 권리가 없는 타인이 임의로 사용하는 것을 제재할 수 있는 권리까지 부여받게 되는데요. 전자를 "적극적 효력", 후자를 "소극적 효력"이라고 합니다.

즉, 특허권의 "적극적 효력"은 A가 타인에게 방해받지 않고 특허발명을 원하는 대로 실시할 수 있는 효력을 의미합니다. 비슷한 맥락에서 특허권의 "소극적 효력"은 정당한 권리가 없는 타인이 특허발명을 실시하는 것을 A가 제재를 가하고, 필요 시 손해배상 등을 청구할 수 있는 효력을 의미합니다.

그런데, 특허권이라는 것은 무체재산권, 즉 형체가 없는 권리입니다. 따라서, 침해자의 입장에서 특허발명의 내용을 파악하거나 특허발명을 침해하기는 쉬운 반면, 특허권자의 입장에서 누가 나의 특허권을 침해하고 있는지를 파악하기는 매우 어렵습니다. 이러한 불균형 상태는, 결과적으로 특허권의 무용화 또는 형해화를 초래하게 마련이지요.

특허침해 1
: 특허 청구범위

도태현

　특허사무소에 특허출원을 의뢰하셨던 분이라면, 변리사가 검토해 달라며 보내 준 특허 명세서를 어떻게 검토해야 할지 난감했던 경험이 다들 있으실 겁니다.

　특허 명세서에는 일상생활에서 잘 사용되지 않는 용어들이 많이 사용되기 때문에, 일반적으로 30페이지가 넘는 특허 명세서를 읽는 것은 상당히 피곤한 일이며 꼼꼼히 읽어도 과연 나의 기술이 명세서에 제대로 쓰였는지 직관적으로 알기 어려운 경우가 대부분입니다.

　사실상, 지식재산전문인력이나 특허 지식을 어느 정도 보유하고 있지 않은 한, 특허 명세서를 아무리 꼼꼼하게 읽어 본다고 한들 제대로 된 검토가 이루어지기 어렵습니다. 그래서 완벽한 검토가 어렵다는 전제하에 특허 명세서에서 최소한 검토해야 하는 중요한 부분에 대해 말씀드리겠습니다.

특허권은 취득하는 순간 기술에 대해 독점적인 권리를 가지며, '권리를 침해하는 자'에 대해 제재를 가할 수 있는 권리를 갖게 됩니다.

물론, 제재를 가하기 위해서는 '권리를 침해하는 자'가 권리를 침해했는지 여부를 알아야 합니다.

1. 권리를 침해했는지 여부는 어떻게 판단할 수 있을까요?

도둑이 우리 집의 담벼락을 넘는 순간 가택침입죄가 성립되듯이 특허권에도 권리를 침해했는지 여부를 가리는 울타리가 존재합니다.

다만, 차이점이 있다면 그 울타리가 글에 의해 정해진다는 점입니다. 구체적으로는, 특허 명세서에 포함된 【청구항 1】,【청구항 2】,【청구항 3】과 같은 카테고리에 포함된 글에 의해 정해집니다. 특히, 【청구항 1】에 포함된 글들을 중점적으로 보시면 됩니다.

2.【청구항 1】에 포함된 글에 의해 어떻게 울타리가 정해질까요?

통상적으로 울타리를 판단하는 원칙을 '구성요소 완비의 원칙'이라고 합니다. 무척이나 어려워 보이는 말이지만, 알고 나면 간단한 원칙입니다. 글에 의해 쓰여진 구성요소들을 모두 포함하는 경우에 권리를 침해하는 것으로 보겠다는 원칙인데요. 즉, '권리를 침해하는 자'가 판매하는 카피품이 글에 의해 쓰여진 구성요소들을 모두 포함하는 경우 울타리를 넘은 것으로 보고, 글에 의해 쓰여진 구성요소들을 하나라도 포함하지 않는다면 울타리를 넘지 않은 것으로 본다는 것입니다.

좀 더 쉽게 설명하기 위하여 몇 개의 케이스를 참조해 보겠습니다.

가. 특허 청구범위

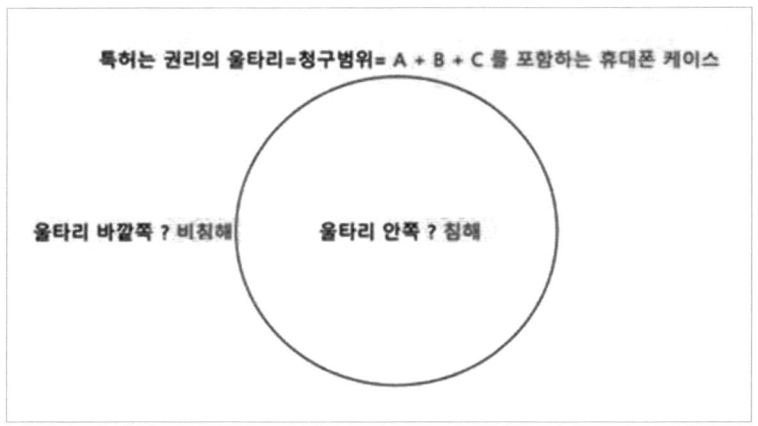

| 청구범위 영역을 보여주는 그림

위 그림을 참조하면, 청구항에 쓰여진 글은 'A, B 및 C를 포함하는 휴대폰 케이스'입니다. 즉, 카피품이 A, B 및 C를 모두 포함하는 휴대폰 케이스라면 권리의 울타리를 넘은 것이고, 카피품이 A, B 및 C 중 하나라도 포함하지 않는 휴대폰 케이스라면 권리의 울타리를 넘지 않은 것으로 볼 수 있습니다.

나. 실시품 구성 특정

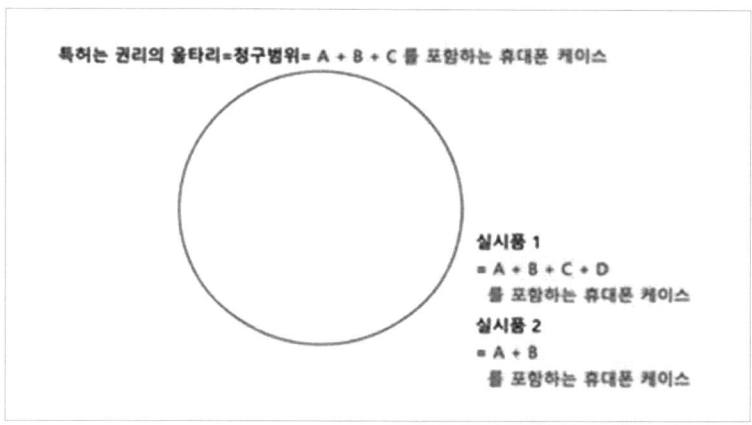

| 실시품 구성 특정

위 그림을 보시면, 카피품 1은 'A, B, C 및 D를 포함하는 휴대폰 케이스'이고, 카피품 2는 A 및 B를 포함하는 휴대폰 케이스입니다. 카피품 1는 A, B 및 C를 모두 포함하고 나아가 D까지 포함하는 휴대폰 케이스이므로, 권리의 울타리를 넘을 것이고, 카피품 2는 A 및 B만을 포함하고 C는 포함하지 않는 휴대폰 케이스이므로, 권리의 울타리를 넘지 않을 것입니다.

다. 특허 청구범위와 실시품 구성 비교

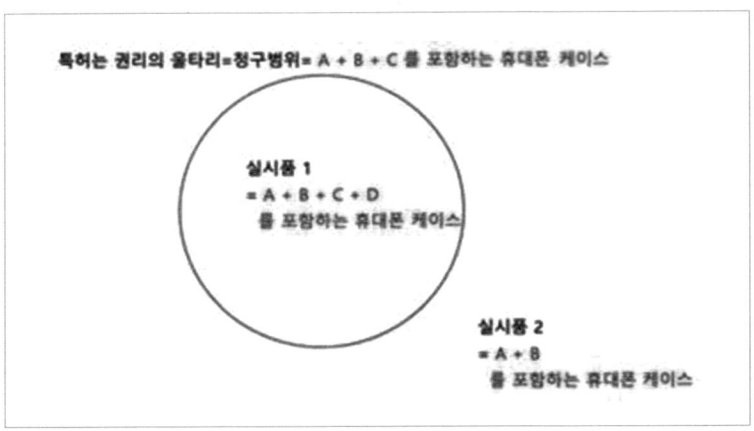

| 특허 청구범위와 실시품 구성 비교

눈치가 빠르신 분들은 이미 눈치채셨겠지만, 청구항 1에 기재된 글에 대체하기 쉽거나 불필요한 구성요소가 포함되어 있다면, '권리를 침해하는 자'를 잡는 데 있어서 상당히 불리하게 됩니다.

예를 들어, 청구항 1에 'A, B 및 C를 포함하는 휴대폰 케이스'라고 기재되어 있는데, C가 대체하기 쉽거나 불필요해서 제거해도 그만인 구성요소라고 가정해 봅시다. 제가 카피캣이라면 C를 D로 대체해서 'A, B 및 D를 포함하는 휴대폰 케이스'를 팔거나 C를 제외하고 'A 및 B를 포함하는 휴대폰 케이스'를 팔 겁니다. 두 가지 카피품 모두 A, B 및 C를 모두 포함하지 않으니 권리의 울타리를 넘지 않기 때문이죠.

특허 명세서를 검토할 수 있는 전문적인 인력이 없거나 시간이 없다면, 청구항 1에 쓰여진 글이 묘사하고 있는 구성요소 중에 대체하기 쉽거나 제거해도 그만인 구성요소가 있는지를 중점적으로 보실 것을 추천해 드립니다.

특허침해 2
: 특허소송
이용훈

특허소송은 특허 등에 관한 소송을 말하는 것이고, 그 종류는 민사, 형사, 행정소송에 걸쳐 매우 다양합니다. 이러한 소송은 보통 특허권자가 허락 없이 특허발명을 실시하는 실시자에 대한 권리를 행사하는 것으로부터 시작됩니다. 권리자 입장에서는 허락 없이 특허발명을 실시하는 실시자를 목격하면 이를 좌시할 수 없기 때문이죠.

1. 특허권자의 권리 행사수단

민사소송은 흔히들 특허침해소송이라고 하며, 제삼자의 실시자에 의하여 특허권이 침해당할 경우, 특허권자가 이 실시자에게 특허행

위침해금지 또는 특허침해에 대한 손해배상청구를 하는 것입니다(가처분은 침해행위 금지를 구하는 것입니다).

형사고소는 특허침해를 이유로 고소하는 것입니다. 특허법 제225조는 "특허권 등을 침해한 자는 7년 이하의 징역 또는 1억 원 이하의 벌금에 처한다."라고 침해죄를 규정하고 있습니다. 즉, 남의 것을 베끼는 것에 대해 형사적 책임을 지우고 있는 것이지요.

국경조치는 국경을 넘나드는 특허침해품들에 대한 강력한 행정조치 수단으로서, 무역위원회 불공정무역조사와 세관절차가 있습니다. 참고로 미국은 USITC(무역위원회)로, 일본이나 유럽은 세관조치로 지재권 보호를 하고 있으며, 우리나라는 두 제도를 모두 도입하여 운영 중에 있습니다.

2. 실시자의 방어수단

실시자는 특허권자의 칼이 자신의 목에 떨어질 때까지 마냥 기다리고 있어야 할까요? 그렇지 않습니다. 실시자 입장에서는 이러한 권리행사가 정당하지 않음을 다투어 자신을 보호할 수 있습니다.

구체적으로, 권리자의 권리행사에 대해 실시자가 취할 수 있는 방어수단으로는, 절차 내 항변, 예컨대 자유실시 주장, 무효주장, 비침해 주장이나, 특허심판청구(무효/권리범위)이나 공정거래법 위반 제소, 등이 있습니다.

절차 내 항변은 민형사소송이나 국경조치 등과 같은 절차 내에서 실시자가 특허권자의 특허발명은 자유실시 기술이거나 무효의 하자가 있어서 그러한 권리에 기초한 특허권자의 침해주장은 권리남용에 해당되어 부당하다는 것입니다(이러한 주장은 병행적으로 진행되는 특허무효심판/심결취소소송의 쟁점과 실질적으로 동일하게 됩니다). 이와 함께, 비침해 주장을 하게 됩니다.

특허심판청구는 특허권에 대한 유·무효를 판단하는 무효심판이나 실시제품이 특허권리범위에 속부를 판단하는 권리범위확인심판을 청구하여 특허권자에게 적극적으로 맞서는 방법이고, 특허소송에서 빠질 수 없는 방어수단 중 하나입니다.

공정거래위원회는 공정거래법에 기초하여 특허를 침해하지 않았는데 침해소송 등을 제기하여 업무 방해 등을 당했다는 이유(불공정 이슈)로 지식재산권의 부당한 행사 여부를 판단하고, 부당소송인 경우 특허권 남용이자 경쟁질서 훼손하는 불공정 행위로 보고 시정명령/과징금을 부과하는 등 제재를 가하게 됩니다.

이러하듯 특허소송은 생각 외로 방대하고 복잡합니다. 특허권자에게 주어지는 공격 수단은 다양하고, 방어수단 역시 다양하기에 특허분쟁에 휘말리게 된다면 변리사나 변호사와의 상담을 통해 적절한 전략을 수립할 필요가 있겠습니다.

사례

어느 날 특허권자로부터 경고장을 받은 철수. 철수는 덜컥 겁이 나서 변리사를 찾아갔습니다. 변리사와의 상담 끝에 실시는 중단하고, 특허권자의 특허에 대해 무효심판과 권리범위확인심판을 청구하기로 하였습니다. 그러자 특허권자는 철수에 대해 특허침해금지 및 손해배상청구 소를 제기하였습니다. 특허소송이 시작된 것이죠.

특허침해 3
: 특허심판

이용훈

특허소송에서 빠질 수 없는 특허심판에 대해서 알아보도록 하겠습니다. 이 부분은 변리사들이 주도하는 영역이기도 합니다.

1. 특허심판

산업재산권(특허·실용신안·디자인·상표)의 발생·변경·소멸 및 그 권리범위에 관한 분쟁을 해결하기 위한 특별행정심판을 말하며, 특허심판(거절결정 불복심판, 무효심판, 권리범위 확인심판, 정정심판 등)은 전문적인 기술지식과 경험이 필요하기 때문에 특허청 소속 특허심판원에서 하고 있습니다.

일반법원은 특허 관련 소송 중 침해금지, 손해배상 소송 등의 특허침해소송을 담당하는 반면, 특허심판원은 특허관련 소송 중 산업재산권의 발생, 소멸 및 그 효력범위에 관한 분쟁을 담당하고 있습니다. 또한, 특허심판원의 심결에 불복하여 고등법원급 전문법원인 특허법원에 소를 제기할 수 있고, 대법원에 상고할 수도 있으므로 특허심판은 사실상 제1심 법원의 역할을 수행하고 있습니다.

참고로, 우리나라는 변리사에게 특허심판의 심결에 대한 취소소송인 심결취소소송에 있어서 특허법원과 대법원에 대해 소송대리권을 부여하고 있습니다. 따라서 현직 변리사들은 특허심판으로부터 시작된 분쟁에 대해 특허법원, 대법원까지 소송대리하고 있습니다. 참고로, 민사법원에서 이루어지는 침해사건에 대해, 변리사는 실무적으로 많은 관여를 하고 있지만 민사법원에 대해 소송대리를 할 수 없기에, 이를 입법으로 해결하려고 하고 있습니다.

2. 특허심판의 종류

특허심판의 종류는 다양하나, 크게 결정계 심판과 당사자계 심판으로 구분할 수 있습니다.

결정계 심판은 특허출원에 대한 거절결정과 같은 특허출원 심사단계에서 심사관의 처분에 불복하여 청구하는 심판이고, 청구인은 특허출원인 또는 특허권자가 되고, 피청구인은 특허청장이 됩니다.

당사자계 심판은 이미 설정된 권리에 관련한 당사자의 분쟁에 대한 심판으로 청구인과 피청구인이 대립구조를 취하는 심판이고, 청구인은 이해관계자(예컨대, 특허권자가 제기한 특허소송의 피고)가 되고 피청구인은 특허권자가 됩니다.

특허분쟁에서의 특허심판은 당사자계 심판을 의미하고, 대표적으로 무효심판, 권리범위확인심판이 있습니다.

가. 무효심판

특허권 등을 법정무효사유를 이유로 심판에 의하여 그 효력을 소급적으로 또는 장래에 향하여 상실시키는 심판입니다(특허법 제133조, 실용신안법 제31조).

특허권자가 침해를 이유로 민사소송을 제기할 경우, 방어자 입장에서는 특허권자의 권리의 원친인 특허권을 소멸시키기 위해 무효심판을 제기하는 것입니다. 만약, 특허가 무효가 되어 버린다면, 정당한 권원이 없는 권리에 기초하여 (민사)침해소송을 제기한 것이 되기에 소 취하 또는 기각됩니다.

나. 권리범위확인심판

특허권자·전용실시권자 또는 이해관계인이 특허발명의 보호범위를 확인하기 위하여 청구하는 심판이고, 청구의 취지에 따라 적극적/소극적 권리범위확인심판으로 구분됩니다.

적극적 권리범위확인심판은 특허권자·전용실시권자가 청구하는 것으로, 제삼자의 실시발명이 자신의 특허발명의 권리범위에 속한다는 심결을 구하는 심판이고, 소극적 권리범위확인심판은 특허권자가 아닌 제삼자가 특허권자를 상대로 청구하는 것으로, 자신의 실시발명이 상대방의 특허발명의 권리범위에 속하지 아니한다는 심결을 구하는 심판입니다.

특허권자는 실시제품이 자신의 특허 권리범위에 속한다며 적극적 권리범위확인심판을 청구할 수 있고, 방어자 측에선 실시제품이 특허 권리범위에 속하지 않는다며 소극적 권리범위확인심판을 청구할 수 있습니다. 아무래도 특허심판원과 특허법원 등의 판결을 받아 볼 수 있으므로, 이러한 심판의 결과를 받은 후 민사소송에서 증거자료 제출하여 침해 또는 비침해를 입증하는 방식으로 실무적으로 활용되고 있습니다.

정리하면, 특허심판은 특허권의 유·무효 또는 실시제품의 권리범위 속부 등을 판단 받을 수 있기에, 특허분쟁의 핵심적인 역할을 하게 되고, 대부분의 특허분쟁은 특허심판 및/또는 심결취소소송의 결과에 따라 결론이 어느 정도 정해지는 구조입니다. 따라서 특허분쟁에 휩싸이게 된다면 특허심판에서 승기를 잡는 것이 매우 중요하므로, 최선을 다해 대응하는 것이 좋겠습니다.

NPE

이용훈

NPE는 Non Practicing Entity의 약어로서, 특허를 사들여 보유하고 있지만 실시하지 않고, 침해 가능성이 있는 실시자에게 특허소송 등을 제기하여 금전적 이득을 꾀하는 특허자산관리업체를 일컫습니다. 특허권을 행사하는 것이 위법한 것은 아니지만, 실시할 의도도 없는 특허권을 사들이고 실시자를 특허권이란 무기로 겁박해서 수익을 얻는 집단이라는 부정적인 시각으로 바라보는 사람들은 patent troll이라 부르기도 합니다[08][09].

NPE라고 부르는 것이 맞는지 patent troll이라고 부르는 것이 맞는지는 개인의 판단 몫이지만, NPE가 등장함에 따라 특허권의 거래 등의 활성화되고, 그 결과 연구, 개발 등에 더욱 탄력이 생긴다는 나름

---

08   특허청; SW분야NPE특허분쟁동향보고; 2015.06
09   프레시안; '특허 괴물'? 그 오해와 실체; 2022.02.07

의 순기능이 있기에, 개인적으론 부정적인 표현인 patent troll보단 NPE라고 부르는 것이 좋지 않을까 하고 생각합니다.

아무튼, NPE은 특허권을 통해 경제적 이득을 목표로 활동하는데, 그 기본 모델에는 공격형, 방어형 등 여러 가지가 있습니다. 이 중 우리에 친숙한 모델은 공격형입니다. 즉, 매집/보유한 특허권에 기초하여 특허 침해소송을 제기하고, 상대로부터 로얄티 수준의 금액을 손해배상으로 받거나 또는 settle 등을 통해 로얄티 수준의 라이선스를 맺거나 특허권을 이전하는 것이지요.

NPE는 주로 미국에서 활동하는데, 미국에 진출한 한국기업 중 삼성전자 등과 같은 돈 많은 제조업체들이 주 타겟이 되고 있습니다[10].

특허소송에는 막대한 비용과 시간이 투입되기 때문에, NPE의 타겟이 된다면 사업적으로 큰 손실이 아닐 수 없습니다. 따라서 해외 진출을 노리는 한국 업체는 이러한 사업적 리스크를 줄이기 위해 NPE에 대해 대비할 필요가 있겠습니다. 예컨대 다음과 같은 것들을 생각해 볼 수 있겠습니다.

(1) FTO(Free To Operate; 자유실시) 서치를 통해 침해 리스크가 있는지를 검토

(2) NPE로 알려진 단체들의 보유 특허 검토(IP-NAVI)[11]

참고로, 위 사이트에선 미국 진출 시 위협이 될 수 있는 고위험 NPE 리스트와 관련 정보를 얻을 수 있을 뿐만 아니라, NPE 동향 등

---

10 한경닷컴; 삼성전자 美서 특허소송 가장 많이 당한 기업; 2022.04.13
11 지식재산보호 종합포털 IP-NAVI; https://www.ip-navi.or.kr/npe/npeList.navi - 이 사이트에선 미국 진출 시 위협이 될 수 있는 고위험 NPE 리스트와 관련 정보를 얻을 수 있을 뿐만 아니라, NPE 동향 등 다양한 정보를 얻을 수 있습니다.

다양한 정보를 얻을 수 있으니, 참고하면 좋을 것 같습니다.

만약, (1), (2)를 통해 특허침해 리스크를 확인했다면, 회피 설계를 해보거나, 선제적으로 무효심판을 청구하여 특허권을 무력화시키거나(좋은 선행문헌이 있다면), 특허 라이선스를 맺거나, 해외 진출을 재고하는 등 사업적 측면에서 리스크를 줄이는 방향으로 관리하는 것이 바람직합니다. 아무래도 침해 이슈가 해결되지 않은 상태에서 사업을 영위한다면, 언제 터질지 모르는 시한폭탄을 안고 있는 것과 마찬가지일 테니까요.

국제출원
: 해외특허로 카피캣을 잡는 방법

도태현

　해외국가로 수출을 하고 계시다면 카피캣이라는 단어를 잘 알고 계실 텐데요, 카피캣이란 타인의 제품을 모방한 제품을 판매하는 참 얄미운 존재입니다. 힘들게 해외 판로를 뚫고 마케팅 비용을 태워 가면서 해외 소비자들의 관심을 이끌어 냈는데, 정작 카피캣의 제품이 잘 팔린다면 속이 참 쓰릴 것입니다.

　많은 분들이 수출하고 있는 국가에 특허가 있다면 카피캣의 카피 행위를 제한할 수 있을 것이라고 생각하실 텐데요. 해외특허가 있어도 카피캣을 잡지 못하는 경우가 상당히 많습니다. 물론, 해외특허의 권리범위가 잘 설정되어 있다면 카피캣을 견제할 수 있겠지만, 카피캣을 잡을 수 있을 정도로 권리범위가 잘 잡힌 해외특허를 획득하기란 상당히 어렵습니다.

　그렇다면 어떻게 카피캣을 견제해야 할까요?

첫 번째 방법은, 하나의 제품에 대해서 여러 개의 권리범위를 설정해 놓는 것입니다. 즉, 하나의 제품에 대해서 여러 개의 특허를 받는 것이지요. 다만, 해외특허를 받아 보신 분들이라면 잘 아시겠지만 해외특허를 여러 개 받는 데는 엄청난 비용이 필요합니다. 당연히, 이 제품이 해외에서 잘 팔릴지 안 팔릴지 모르는 중소기업의 입장에서는 엄청나게 부담되는 비용입니다.

두 번째 방법은, PCT 국제출원을 이용하는 것입니다. PCT란 백 개가 넘는 국가들이 가입하고 있는 특허협력조약으로 PCT에 가입한 국가들에 동시에 출원할 수 있는 방법이 PCT 국제출원입니다. 우리나라와 거래하고 있는 주요국가들 중 대만을 제외하면 모든 국가들이 PCT에 가입하고 있기 때문에, 대만을 제외한 다른 나라에 수출을 하고 계신다면 PCT 국제출원을 고려해 보실 필요가 있습니다.

PCT 국제출원을 한다고 해서 PCT에 가입한 모든 국가들에 해외특허를 획득할 수 있는 것은 아니며, PCT 국제출원을 한 이후에 31개월(또는 30개월) 안에 원하는 국가에 진입하는 행위를 해야 해당 국가의 특허권을 획득할 수 있습니다.

PCT 국제출원 자체는 많은 비용이 소모되지는 않으나 원하는 국가에 진입하는 과정에서 많은 비용이 소모되는데요, 이러한 특성을 이용해서 카피캣을 잡는 전략을 세워 볼 수 있습니다.

PCT 국제출원만을 해놓고 수출하고 있는 국가에 진입하지 않은 상태에서 카피캣을 기다린 후, 카피캣이 나타난다면 카피캣을 잡기 위해 진입하는 것입니다.

카피캣의 제품을 보고 특허를 획득하는 것이기 때문에 카피캣을 잡을 수 있는 권리범위를 획득할 확률이 기존보다 훨씬 올라갈 것이고, 적은 비용만 투자한 상태에서 31개월 동안 카피캣에 대해 유연하게 대처할 수 있습니다. 다만, PCT 국제출원에 제품에서 변형될 수 있는 실시 예들이 많이 포함될수록 카피캣을 때려잡기 유리하니, 판매하고 있는 제품 그대로의 형상 이외에도 쉽게 변형될 수 있는 실시 예들을 최대한 많이 포함시키는 것이 중요합니다.

제5장

특허권의 활용

특허권의 획득방식

도태현

　공공입찰, 지원사업선정 등등 공공기관에서 수행하는 많은 사업들에 특허가 연관되어 있기 때문에, 회사에 기술이 없더라도 등록된 특허가 필요한 경우가 종종 생깁니다. 이때, 두 가지의 선택지를 고려하실 수 있습니다.

1. 특허출원

　변리사에게 의뢰하여 특허를 획득하는 방법입니다. 회사에 특별한 기술이 없다고 하더라도, 회사의 업무영역에 맞춘 특허를 등록시키는 것은 숙련된 변리사들에게 그렇게 어려운 일이 아닙니다. 따라서,

아무 변리사나 잡고 일하셔도 특허획득은 가능하십니다. 중요한 건 시간과 비용일 텐데요, 특허등록에는 정말 짧게는 4개월에서 길게는 2년 이상의 시간이 걸리기도 합니다. 등록에 걸리는 시간을 줄일 수는 있으나 그만큼 비용이 증가하게 됩니다. '4개월~6개월 사이에 업무영역과 관련된 특허를 획득해 주세요.'라고 의뢰하신다면 비용은 대략 적게는 500에서 많게는 1000까지도 발생할 수 있습니다. 이 방법의 장점은 원하시는 내용으로 특허를 등록하실 수 있다는 점입니다. 추가적으로는, 중개비용이 발생하지 않으니 특허를 사는 것에 비해 비용이 좀 더 저렴할 가능성이 큽니다. 단점으로는, 시간이 발생한다는 점입니다.

2. 특허구매

이미 등록된 특허를 구매하는 방법입니다. 변리사 사무소에 의뢰하여 맞는 특허를 찾으실 수도 있고, 특허청 산하기관인 발명진흥회에서 운영하는 중개플랫폼[12]에서도 구매하실 수 있습니다. 대부분의 변리사 사무소는 특허 중개에 대한 경험이 많지 않습니다. 다만, 변리사 사무소에 의뢰하신다면 일단 된다고 할 가능성이 크기 때문에, 개인적으로는 발명진흥회에서 운영하는 중개플랫폼에서 구매하실 것을 추천해 드립니다. 비용은 특허마다 다르니 얼마가 들 것이라고

---
12 https://ipmarket.or.kr/usr/iu00/iu0001_v0.ipm

명확히 특정하기는 어렵겠네요.

  이 방법의 장점은 특허를 바로 획득하실 수 있다는 점입니다. 추가적으로는, 발명진흥회의 중개플랫폼에서 특허구매 시 발명진흥회가 운영하는 각종 지원사업(IP 나래 등)에 가점이 부여되는 경우가 간혹 있습니다. 단점은 비용의 변동성이 크다는 점과 정확히 원하는 특허를 찾기 어렵다는 점입니다.

  특허에 요구되는 조건이, 회사의 업무영역과의 약한 관련성 정도라면, 중개플랫폼에서 특허를 먼저 찾아보시는 것도 좋은 방법이라고 생각됩니다. 먼저 찾아본 후, 예산에 맞는 특허가 없다면 그때 변리사에게 의뢰하여 특허를 획득하면 되니까요.

특허권과 자금 1
: 특허권을 이용한 대출

도태현

보통은 부동산을 담보물로 설정하고 대출이 이루어집니다만, 특허권을 담보물로 설정될 수 있습니다. 특허권의 가치를 평가하고, 평가된 특허권을 담보물로 대출이 승인됩니다. 당연히, 특허권의 가치가 높게 평가될수록 좋습니다.

특허권의 가치를 평가하는 방식은 무척 복잡하지만 정말 단순하게 요약하면, 기업의 이익과 특허권이 이익에 기여한 정도에 비례하여 산출됩니다. 즉, 기업의 이익이 높을수록, 특허권이 이익에 기여한 정도가 높게 설정될수록 특허권의 가치가 높게 측정될 수 있습니다. 다시 말하면, 기업이 이익이 많이 나고 있고, 특허권과 기업의 주업 사이의 연관성이 강할수록 특허권의 가치가 높게 평가될 수 있습니다.

특허권과 자금 2
: TCB(Tech Credit Bureau)

도태현

    TCB(Tech Credit Bureau) 등급은 기업의 기술평가와 신용평가를 종합적으로 반영한 등급으로써, 기술신용대출을 위해 기업의 신용을 평가할 때 주로 사용됩니다. 물론, 여신 이외에도 기업공개나 투자 등에도 사용되나, 가장 많이 사용되는 곳은 여신입니다.

    은행은 공인된 평가기관에 기업에 대한 TCB 평가를 의뢰하고, 평가기관으로부터 받은 TCB 등급에 기초하여 기업에 대한 대출을 실행합니다. 따라서, TCB 등급을 높게 받을수록 좋은 조건으로 대출을 받을 가능성이 상대적으로 높아집니다.

    기술평가등급은 T1, T2, T3+, T3, T3-, T4+, T4, T4-, T5+, T5, T5-, T6+, T6, T6-, T7, T8, T9, T10과 같이 열여덟 개의 등급으로 나뉘며, 신용평가등급은 aaa, aa, a+, a, a-, bbb+, bbb, bbb-, bb+, bb, bb-, b+, b, b-, ccc, cc, c, d와 같이 열여덟 개의 등급으로 나뉩니다.

기술평가등급과 신용평가등급이 모두 결정되면, 두 개의 등급들을 종합하여 TCB 등급이 결정됩니다. TCB 등급은 AAA, AA, A+, A, A-, BBB+, BBB, BBB-, BB+, BB, BB-, B+, B, B-, CCC, CC, C, D와 같이 열여덟 개의 등급으로 나뉩니다.

신용평가등급은 기업의 재무 및 신용, 대표자의 신용 등이 반영되어 평가되며, 기술평가등급은 기술, 매출, 제품/서비스, 인력, 재무 등이 반영되어 평가됩니다.

특허는 기술평가등급의 평가요소 중 기술과 연관되어 있습니다. 특허의 개수, 특허와 매출의 연관 정도 등이 기술과 관련된 평가에 긍정적인 영향을 줄 수 있으므로, 기업의 제품/서비스와 관련성이 높으면서 특허등급이 높은 특허를 확보하시는 게 기술평가등급을 잘 받는 데 유리합니다.

또한, 기술과 관련된 각종 인증(신기술인증, 신제품인증, 벤처인증, 이노비즈인증, 지식재산경영인증, 직무발명보상 우수기업인증 등)도 기술과 관련된 평가에 긍정적인 영향을 줄 수 있으므로, 최대한 확보하시는 게 기술평가등급을 잘 받는 데 유리합니다.

보유하고 계신 원천기술이 없다고 하더라도, 평가체계에 맞춰서 잘 준비하신다면 높은 기술평가등급(T4 이상)도 획득하실 수 있습니다.

T4 이상의 기술평가등급을 확보하는 경우 은행에서 금리 우대를 해주는 경우가 있으니, 기술신용대출을 받으실 계획이 있다면 기술평가등급의 활용을 고려해 볼 것을 추천해 드립니다.

특허권과 기업 1
: 벤처확인제도

도태현

회사를 운영하시는 과정에서 '벤처확인제도'에 대해서 한 번쯤 들어 보셨을 겁니다. 정확하게는 '벤처기업육성에 관한 특별조치법에 규정된 일정 요건을 갖추고 기술의 혁신성과 사업의 성장성이 우수한 기업을 벤처기업으로 발굴하고 지원해 주는 제도'인데, 간단히 국가에서 일정 요건들을 만족하는 중소기업들을 지원하기 위해 만든 제도입니다.

벤처기업확인을 받게 되면, 세제, 금융, 입지, M&A, 인력, 광고 등의 다양한 측면에서 혜택을 받게 되는데, 주로 대표님들은 세제 혜택을 받기 위해서 벤처기업확인을 받으시는 경우가 많습니다.

다만, 이러한 혜택들은 관련기관 홈페이지[13]에 자세히 나와 있으니, 벤처기업확인을 받는 방법 자체에 대해서 이야기해 볼까 합니다. 물

---

13 https://www.smes.go.kr/venturein/institution/preferGuide

론, 특허를 이용해서요.

　과거에는 일정 금액 이상의 돈을 나라에서 빌리면 벤처기업확인을 해주는 편리한 방법이 있었으나, 과도한 남용으로 인해 현재는 폐지되었습니다. 현재는 네 가지 유형(벤처투자유형, 연구개발유형, 혁신성장유형, 예비벤처유형)을 통해 벤처기업확인을 받으실 수 있습니다.

　벤처투자유형은 투자기관으로부터 받은 투자실적을 통해 벤처기업확인을 신청하는 유형이고, 예비벤처유형은 법인 또는 개인사업자를 등록하기 이전에 벤처기업확인을 신청하는 유형입니다.

　따라서, 투자받으신 실적이 없거나 이미 사업체를 운영하고 계신 분들은 통상적으로 연구개발유형과 혁신성장유형을 통해 벤처기업확인을 받습니다. 그리고, 이 두 가지 유형에 기업이 가지고 있는 특허가 영향을 미치는 것이죠.

　특허권뿐만 아니라, 상표권, 디자인권을 보유하고 있는 경우에도 평가에 가점이 부여되기 때문에, 벤처기업확인을 받고자 하는 분이라면 지식재산권의 확보를 고려해 보실 필요가 있습니다.

특허권과 기업 2
: 병역특례업체지정

도태현

　기업을 운영하는 데 있어 많은 어려움이 있겠지만, 인력을 채용하고 관리하는 일 역시 많은 어려움 중 하나라고 생각됩니다. 스펙이 좋은 인력들은 비싼 몸값에 구하기도 어렵고, 뽑아 놓으면 금방 나가 버리는 일도 종종 일어납니다. 인력 채용과 관리에 많은 고민을 하고 계신다면, 병역특례제도를 이용해 보시는 것도 하나의 선택지입니다.
　병역특례제도란 병역의무를 가진 사람이 병역 대신 연구기관이나 산업체에서 대체 복무하는 것을 의미합니다. 병역특례제도를 통해 군 복무를 수행하는 인력들은 스펙이 좋은 경우가 많고, 군 복무 문제가 걸려 있어 퇴사하는 경우가 극히 드뭅니다. 즉, 인력 채용과 관리에 대한 고민을 한 번에 해결할 수 있죠. 병역특례제도를 이용해 인력을 채용할 수 있는 기업을 병역지정업체라고 하며, 병역지정업체로 선정되기 위하여 특허를 이용하는 방법에 대해서 말씀드려 볼

까 합니다.

병역지정업체의 종류에도 여러 가지가 있으나, 특허와 가장 연관성이 높은 '기업부설 연구기관' 유형에 대해 말씀드리겠습니다.

독립된 공간을 구비하고 일정 수의 연구원을 고용한 중소기업은 연구소를 만들 수 있습니다. 독립된 공간을 만드는 것은 사실상 어렵지 않은 부분이기 때문에, 아래의 표에 나와 있는 숫자의 연구원을 고용하고 있는 중소기업이라면 연구소를 만들 수 있다고 이해하셔도 무방합니다. 창업한 지 3년 미만의 중소기업이나 벤처기업은 두 명, 창업한 지 3년 이상의 중소기업은 세 명을 고용하시면 됩니다.

구분		연구전담요원 수
연구소	대기업 부설연구소	10명 이상
	중견기업 부설연구소	7명 이상
	중기업 부설연구소 국외 소재 부설연구소(해외연구소)	5명 이상
	소기업 부설연구소	3명 이상 단, 창업일로부터 3년까지는 2명 이상
	벤처기업 부설연구소 연구원·교원창업 중소기업 부설연구소	2명 이상

| 연구소 설립 인적요건[14]

연구원에 해당될 수 있는 직원의 조건은 아래의 그림과 같이 무척

---
14 www.rnd.or.kr

이나 다양하지만, 보통 이공계 학사 학위를 가지고 있는 직원이라면 연구원의 자격을 충족시킵니다.

- 기업규모 등에 관계없이 모두 인정되는 경우 [기초연구진흥 및 기술개발지원에 관한 법률 시행규칙 제 2조 제3항]
  - 자연계(자연과학·공학·의학계열)분야 학사 이상인 자
  - 국가자격법에 의한 기술·기능분야 기사 이상인 자
- 중소기업에 한해 인정되는 경우
  - 자연계분야 전문학사로 2년 이상 연구 경력이 있는 자(3년제는 1년 이상)
  - 국가기술자격법에 의한 기술·기능분야 산업기사로 2년 이상 연구 경력이 있는 자
  - 마이스터고 또는 특성화고 졸업자로 4년 이상 연구 경력이 있는 자
  - 기능사 자격증 소지자의 경우 경력 4년 이상 연구 경력이 있는 자
  ※ 창업 3년 미만 소기업 : 대표이사가 연구전담요원 자격을 갖춘 경우 연구전담요원 인정 가능

| 연구소 설립 인적요건[15]

연구소를 설립하실 수 있는 중소기업이 특허에 돈을 조금만 쓴다면 병역지정업체에 선정될 확률이 굉장히 높아지게 됩니다. 아래의 병역지정업체의 선정평가표를 보시면 직관적으로 이해가 되실 겁니다.

다음의 평가표를 표시면, 이노비즈 인증 또는 벤처기업인증을 통해 최대 5점, NET 인증서와 NEP 인증서를 통해 최대 20점, 등록특허를 통해 최대 20점을 받을 수 있습니다. 이노비즈 인증, 벤처기업인증, NET 인증 및 NEP 인증도 특허를 통해 획득할 수 있는 부분이기 때문에, 결과적으로 특허와 관련된 점수가 118점 중 45점이나 됩니다.

상대적으로 획득하기 까다로운 NET 인증과 NEP 인증을 제외하더라도 25점이나 되기 때문에, 특허를 이용해 병역지정업체로 선정될

---
15 www.rnd.or.kr

확률을 극적으로 상승시킬 수 있습니다.

구분	추천지표 및 배점기준	배점
Ⅰ.연구인력	□ 가. 연구인력 규모(연구전담요원) · 학위별 수치화(박사 3, 석사 2, 학사이하 1)에 의한 배점 | 구분	13점	16점	19점	22점	25점
---	---	---	---	---	---
중견기업	30미만	30이상-50미만	50이상-75미만	75이상-100미만	100이상
중소·벤처	10미만	10이상-20미만	20이상-30미만	30이상-40미만	40이상 | * 작성기준 : **당해 연도 신청접수 시작일 현재** 산기협에 **신고처리**된 **인원**만 해당 * 산기협에 미등록된 인원은 실제로 근무하고 있어도 연구인력으로 불인정 * **기술사 자격을 보유**하고 있는 석사 **연구인력**은 박사급으로 인정	25점

Ⅱ.연구개발투자	□ 가. 기업의 연구개발(R&D) 참여·투자 실적[재무재표 기준]
	· 신규 신청업체 및 기존 지정업체
	  - 조세특례제한법시행령 제9조에 의거 세무사·공인회계사가 확인한
	    '연구 및 인력개발비 지출명세서'의 지출액을 상대 평가하여 점수 부여
	  ·지출액 상위 50% 이상 : 15점
	  ·지출액 상위 50% 미만 : 10점
	  ·미제출 : 5점
		15점

Ⅲ.연구기반·인프라확충	□ 가. 연구전담요원 동일인의 고용유지(병역법시행령 제72조상)
	· 신규 신청업체
	  - 6개월 이상~1년 미만 : 5점
	  - 만 1년 이상 : 10점
	· 기존 지정업체 : <u>10점</u>(기본점수)
	□ 나. IPO(기업공개) 연구기관 또는 <u>INNO-BIZ 인증기업 또는 벤처인증기업</u> : (5점)
	* '가~나'항 모두 당해년도 **신청접수 시작일** 현재 기준
		15점

구분	내용	배점
IV.연구성과	□ 가. 연구소의 신기술인증(NET, NEP)등 취득 [1건당 5점이며, '가'항의 최대배점은 20점] 5X4=20 · 신기술인증제도 운영요령 제2조 및 제4조와 신기술(NET)인증 및 제17조에 의한 **NET인증서**(최대 3건 인정) · 산업기술혁신촉진법 제26조에 의한 **NEP인증서**(최대 3건 인정) · IR52장영실상, 테크노CEO상 등 과학기술과 관련된 청장이상의 상(최대 2건 인정, 회사명 또는 대표이사명만 인정) □ 나. 기업명(또는 대표이사명)의 특허증이나 디자인등록증 또는 실용신안등록증 및 등록원부 사본 제출(출원 제외) · 1건당 5점(최대 4건 인정) 5X4=20 □ 다. 국가연구개발사업 참여 과제 : 1건당 5점(최대 2건 인정) · 과학기술정보통신부(특정연구개발사업 등) 또는 타 정부기관이 출연하는 기술개발사업 참여과제(산·학·연 위탁과제 포함) - 정부사업비(출연금)가 포함된 협약서만 인정 □ 라. **연구성과 총 합계(가~다)가 45점 이상인 경우는 45점을 적용** * '가' 항 중 NET, NEP의 경우 접수시작일이 유효기간에 포함되어야 함 * '가'항의 과학기술과 관련된 청장이상의 상과 '나'항은 당해년도 신청접수 전월 말일로부터 최근 1년기간 동안의 성과만 인정 * '다'항은 접수시작일이 계약(참여)기간에 포함되어야 함	45점
V.추천우대 (가점부여)	□ 가. 다음과 같이 과학기술정보통신부 장관이 필요하다고 인정하는 경우 · 기존 병역지정업체 <중소·벤처기업> - 당해연도 전문연구요원 편입인원 수 2명 이상 : 5점 - 당해연도 전문연구요원 편입인원 수 1명 : 3점 <중견기업> - 당해연도 전문연구요원 편입인원 수 1명 이상 : 5점 · 신규 신청업체 - 연구원 1인당 연구개발투자비 1억5천만원 이상 : 5점 - 연구원 1인당 연구개발투자비 8천만원~1억5천만원 미만 : 3점 □ 나. 수도권(서울·경기·인천)이외 지방소재 지정업체 : 5점 □ 다. 소재·부품·장비 전문기업 : 5점 소재부품장비 전문기업 확인서 제출 □ 라. 우수기업연구소 : 3점, 우수기업연구소 지정서(유효기간이 있는) 제출 * '가~나'항 작성기준일 : 당해년도 접수시작일 현재 기준 * '다~라'항은 접수시작일이 유효기간에 포함되어야 함	18점

| 전문연구요원 병역지정업체 추천기준[16]

---

16 https://www.rndjm.or.kr/sub2/sub1_2.asp?smenu=sub2&stitle=subtitle2_1

통상적으로, 병역특례제도를 통해 얻는 이익이 특허에 투자하는 비용보다 큰 경우가 많으므로, 인력의 채용 및 관리에 고민이 많으신 경우 병역지정업체 선정에 도전해 보시는 것을 추천해 드립니다.

특허권과 기업 3
: 이노비즈 인증

도태현

중소기업 인증의 끝판왕이라고 할 수 있는 이노비즈 인증을 받는데 특허가 얼마나 영향을 미치는지에 대해 말씀드리겠습니다. 이노비즈 인증은 기술 경쟁력이 있는 기업들을 인증해 주는 제도로서, 획득 시 세제, 세무조사 유예, 기술보증한도 확대, 금리우대 등 많은 혜택[17]을 부여받을 수 있습니다.

업력 3년 이상의 중소기업일 것을 요구하며, 네 가지 평가지표(기술혁신능력, 기술사업화능력, 기술혁신경영능력 및 기술혁신성)를 통해 총 1,000점의 점수를 평가하여 700점 이상을 획득하는 경우 이노비즈 인증을 받으실 수 있습니다. 업종별로 배점이 조금씩 달라지지만 네 가지 평가지표가 사용되는 것은 모두 동일합니다.

---

17 https://www.innobiz.net/intro/intro3_1.asp

네 가지 평가지표 중 기술혁신경영능력 및 기술혁신성과에 대해서 간략히 말씀드린 후, 나머지 기술혁신능력 및 기술사업화능력에 대해 말씀드리겠습니다.

기술혁신경영능력은 경영자의 능력을 평가하는 항목이기 때문에 따로 준비하실 부분이 많지는 않습니다. 평가항목에 대해서 미리 살펴보시고, 실사를 나온 평가관의 질문에 잘하고 있다는 것을 잘 말씀해 주시면 됩니다. 많은 노력을 기울이시지 않고 점수를 잘 받을 수 있는 항목이라고 볼 수 있습니다.

중항목	소항목	세부 평가항목	배점	평가결과 5 4 3 2 1 A B C D E	평가점수
1.경영혁신능력	1-1 경영자의 자질 및 경험수준	(1) 경영자의 기술혁신 리더십	19		
		(2) 경영자의 추진력 및 위기관리 능력	19		
		(3) 경영자의 기술경험	23		
		(4) 경영자의 기술수준	15		
	1-2 조직관리 수준	(1) 조직관리 수준	15		
	소계	5개 항목	91		
2.변화대응능력	2-1 신기술개발동향 대응능력	(1) 신기술개발동향 대응능력	18		
	2-2 경쟁자의 신제품, 신사업추세 대응능력	(1) 경쟁자의 신제품, 신사업 추세 대응능력	24		
	2-3 중장기 신사업, 신기술 개발계획	(1) 중장기 신사업, 신기술 개발계획	18		
	2-4 체계적 정보검색, 분석능력	(1) 정보검색, 분석능력	14		
	소계	4개 항목	74		
3.경영자의 가치관	3-1 경영자의 신뢰성	(1) 경영자의 신뢰성	20		
	3-2 경영자의 투명성	(1) 경영자의 투명성	15		
	소계	2개 항목	35		
총계		11개 항목	200	5점 만점	

| 기술혁신경영능력 평가지표[18]

18　기술혁신형 중소기업(Inno-Biz) 제도 운영규정 별표3

기술혁신성과는 과반 이상의 점수가 재무재표에 의해 결정되므로, 점수를 올리기 위해서는 기업의 재무상태를 개선해야 합니다. 하지만, 이는 쉽게 개선시킬 수 있는 부분은 아니므로, 현재 재무상태에 의해서 점수를 받게 됩니다.

지식재산권의 경쟁력 정도와 지식재산권의 권리범위는 특허와 관련된 배점이므로, 특허를 이용해 24점을 올리실 수 있습니다.

중항목	소항목	세부 평가항목	배점	평가결과 5 4 3 2 1 A B C D E	평가 점수
1. 기술경쟁력 변화성과	1-1 국내외 기술경쟁력 향상도	(1) 기술경쟁력 향상도	16		
	1-2 기술혁신을 통한 시장경쟁력 향상	(1) 시장경쟁력 향상도	21		
	1-3 기술변화 행동능력 향상	(1) 행동능력 향상	13		
	소계	3개 항목	50		
2. 기술경영 성과	2-1 자금 유동성	(1) 자체자금조달능력	19		
	2-2 경영실적 재무지표	(1) 매출액 증가율	6		
		(2) 순이익 증가율	8		
		(3) 매출액 영업이익률	15		
		(4) 총자산 순이익률	18		
		(5) 당좌비율	11		
		(6) 차입금 의존도	13		
		(7) 총자산 회전율	10		
		(8) 매출채권 회전율	10		
	소계	9개 항목	110		
3. 기술적 성과 (예측)	3-1 지적재산권 취득 및 파급효과	(1) 지적재산권의 경쟁력정도	15		
		(2) 지적재산권의 권리범위	9		
	3-2 기술축적 활용효과	(1) 수입대체효과	7		
		(2) 인력고용효과	9		
	소계	4개 항목	40		
총계		16개 항목	200	5점 만점	

| 기술혁신성과 평가지표[19]

---

19 기술혁신형 중소기업(Inno-Biz) 제도 운영규정 별표3

위에서 함께 살펴보셨듯이, 기술혁신경영능력 및 기술혁신성과는 준비에 많은 시간이 필요하지 않거나 실질적으로 개선시키기 어려운 부분이 많은 지표입니다. 반면에, 기술혁신능력 및 기술사업화능력은 어떻게 준비하느냐에 따라서 평가점수가 달라질 수 있는 평가지표입니다.

기술혁신능력은 기업이 가진 기술력을 평가하는 평가지표로서, 연구소(또는, 전담부서)를 꾸준히 운영해 왔고 특허가 있다면 어느 정도 높은 점수를 받을 수 있습니다.

중항목	소항목	세부 평가항목	배점	평가결과 5 4 3 2 1 A B C D E	평가점수
1. R&D활동 지표	1-1 R&D 투자현황	(1) R&D 투자비율	30		
	1-2 기술개발인력비율	(1) 기술개발인력 비율	20		
	소계	2개 항목	50		
2. 기술혁신 체제	2-1 R&D 조직관리	(1) R&D 전담조직 형태	18		
		(2) 창조적 개발환경수준	14		
		(3) 기술인력관리	14		
	2-2 외부기술기관과의 협력관계	(1) 외부기관과 공동연구 및 자문	12		
		(2) 외부기술기관과의 기술혁신 추진형태	9		
	2-3 기술혁신수행능력	(1) 기술혁신 수행능력	18		
	소계	6개 항목	85		
3. 기술축적 시스템	3-1 연구장비 확보능력	(1) 기술장비 확보 능력	16		
	3-2 인력 Quality	(1) 개발인력의 경력	20		
		(2) 개발인력 연구실적	14		
	3-3 기술개발 및 사업화실적	(1) 기술개발 및 사업화실적	40		
	3-4 기술축적 및 활용시스템	(1) 기술축적 및 활용시스템	15		
	소계	5개 항목	105		
4. 기술분석 능력	4-1 기술개발 외부환경 분석	(1)기술개발 외부환경분석	15		
	4-2 중장기전략수립	(1)기술개발중장기전략수립	15		
	4-3 내부자원분석	(1)내부자원 분석	15		
		(2)보유기술마케팅분석	15		
	소계	4개 항목	60		
총계		17개 항목	300	5점 만점	

| 기술혁신능력 평가지표[20]

---

20 기술혁신형 중소기업(Inno-Biz) 제도 운영규정 별표3

기술혁신능력의 평가 문항 중 기술개발 및 사업화실적은 특허와 직접적으로 연관된 문항으로, 특허를 통해 40점 만점을 받을 수 있습니다. 또한, 연구소를 꾸준히 운영하고 연구소 직원들을 발명자로 지정해 특허를 출원하여 점수를 획득할 수 있는 문항들도 존재합니다. 즉, 특허로 직접적으로 획득할 수 있는 점수는 40점이며, 연구소와 특허를 잘 준비함에 따라 다른 문항들도 고득점을 획득할 수 있습니다.

  마지막으로, 기술사업화능력은 기술을 사업화로 연결시킬 수 있는 능력을 평가하는 지표입니다.

  기술사업화능력을 평가하는 문항들을 보시면 아시겠지만, 제품에 기술이 적용되어 마케팅까지 원활하게 이루어지고 있는지를 평가하고 있습니다. 대부분의 문항들이 입증하기 위한 서류제출을 필요로 하며 제출서류를 준비하는 데 상대적으로 많은 시간이 소요됩니다.

중 항목	소 항목	세부 평가항목	배점	평가결과 5 4 3 2 1 A B C D E	평가점수
1. 기술의 제품화 능력	1-1 신제품 기획추진능력	(1) 신제품기획 추진능력	27		
	1-2 신제품개발 역량	(1) 신제품개발 역량	27		
		(2) 기술표준화의 수준	15		
	1-3 핵심기술 보완능력	(1) 핵심기술 보완능력	21		
	소계	4개 항목	90		
2. 기술의 생산화 능력	2-1 제품양산화 능력	(1) 생산기술 확보 및 운영체important	21		
		(2) 생산설비 현황	21		
	2-2 품질관리	(1) 검사. 측정 및 시험장비 관리	17		
		(2) 검사. 품질보증 활동	11		
	2-3 제조공정 혁신	(1) 생산계획 및 실적관리	16		
		(2) 공정관리 운영의 적절성	16		
		(3) 작업자의 숙련도	11		
	2-4 조달 및 외주관리	(1) 재료 부품조달 및 외주관리	17		
	소계	8개 항목	130		
3. 마케팅 능력	3-1 마케팅전략 수립 및 실행능력	(1) 제품의 목표시장 및 마케팅 전략수립	16		
		(2) 마케팅채널 분석 및 확보능력	14		
	3-2 경쟁력 분석	(1) 신제품의 라이프 사이클 분석능력	17		
		(2) 신제품의 기술경쟁력분석능력	13		
	3-3 기술사업화관리	(1) 지적재산권 관련 대책	12		
		(2) 외부네트웍 구축 및 활용정도	8		
	소계	6개 항목	80		
총계		18개 항목	300	5점 만점	

| 기술사업화능력 평가지표[21]

위에서 함께 살펴봤듯이 평가점수를 향상시키기 위해 준비가 필요한 지표는 기술혁신능력 및 기술사업화능력이며, 연구소, 특허 및 제품화 관련 서류들을 잘 준비하신다면 준수한 점수를 획득하실 수 있습니다.

특허와 관련된 배점은 1,000점 만점 중에 76점이나, 기술혁신능력에서 연관된 배점들이 꽤 있으니 실질적으로는 좀 더 많은 배점을 차

---
21 기술혁신형 중소기업(Inno-Biz) 제도 운영규정 별표3

지한다고 보실 수 있습니다. 이노비즈 인증 획득에 특허가 반드시 필요한 것은 아니나, 연관된 배점이 상당하니 활용하신다면 보다 쉽게 인증을 획득하실 수 있습니다.

특허권과 기업 4
: 건설신기술

이용훈

과거에 한 지인으로부터 "건설자재를 납품하려고 하는데, 건설신기술 지정 제도를 이용하면 유리하다고 들었다. 건설신기술로 지정받기 위한 요건이나 절차 등을 알려달라. 건설자재에 대한 특허가 있긴 한데, 건설신기술과는 다른 것인가."라는 질문을 받은 적이 있었습니다.

건설신기술? 특허?

문득, 관련 업계의 종사자("건설인")라면 건설신기술 지정 제도 및 특허와의 관계에 대해 알아 두면 유용할 것 같다는 생각이 들어, 그때 기억을 더듬어 가며 KAIA 국토교통과학기술진흥원(건설신기술 업무 기관)에서 찾은 자료를 더하여 간단하게 건설신기술과 특허에 대해 간단히 알려드리고자 합니다.

　건설신기술 지정 제도는 기술개발자의 개발의욕을 고취시킴으로써 국내 건설기술의 발전을 도모하고, 국가경쟁력 등을 제고하기 위한 목적으로 1987년 신설되고 1987년부터 시행된 제도이고, 관련 법규로 건설기술 진흥법(이하 "법"이라고 합니다) 등이 있습니다.

　법 제14조 제1항은 **국내**에서 최초로 특정 **건설기술을 개발하거나 기존 건설기술을 개량한 자**의 신청을 받은 기술로서 국토교통부장관이 그 기술을 평가하여 **신규성/진보성 및 현장 적용성**이 있는 경우 '새로운 건설기술'로 지정 고시합니다. 신규성, 진보성, 현장 적용성? 언뜻 특허와 유사해 보이는데, 그 기술 범위를 국내로 한정하고 국토교통부장관이 지정한다는 차이가 있어 보입니다. 구체적으로 어떻게 다를까요?

　아래 표에 보듯이, 특허는 발명을 보호하고 산업발전에 기여하기 위함이라면 건설신기술은 국내 건설기술 발전 및 국가경쟁력을 제고하기 위한 것으로, 근거법령부터 지정요건, 대상, 존속기간, 효력까지 큰 차이가 있습니다.

구 분	특 허	건설신기술
근거법령	특허법	건설기술 진흥법
목적	발명을 보호 장려하고 이용을 도모하여 기술발전을 촉진 및 산업발전에 기여	민간의 기술개발을 유도하여 국내 건설기술 발전 및 국가경쟁력 제고
지정요건	신규성, 진보성, 산업상 이용가능성	신규성, 진보성, 현장적용성, 경제성, 보급성
대상	발명 (구체화된 아이디어)	건설기술 (건설시공기술, 건설공사의 계획·조사·설계·안전진단·시설물 유지·시험 등)
존속기간 (보호기간)	20년	8년 (활용실적에 따라 3~7년 연장 가능)
심사 소요기간	18개월 내외 (우선심사의 경우 4-6개월)	5~6개월
독점·배타적 (VS. 침해)	직접적 (침해소송 또는 형사)	간접적 (기술사용료 또는 민사)
실시권 설정	법적 보호 (통상·전용)	불가능 (계약·협약)
활용율	3~6% (추정)	74.1% (최근 3년 평균)
기술 우선적용	없음	발주기관 우선사용 권고, 설계반영 의무화, 시험시공 권고 등
심사방법	심사관 1인에 의한 서류조사 및 검토	기술의 시험·검증 및 현장적용 내용에 대해 전문가 집단에서 심사

| 특허와 건설신기술 비교[22]

---

22 국토교통과학기술진흥원, 2021 건설신기술 매뉴얼

건설신기술로 지정되면 발주기관 우선 사용 권고, 설계반영 의무화 등 직접 현장에 사용할 수 있고, PQ(PreQualification, 입찰참가자격 사전심사)시 가산점을 받을 수 있어서 사업자 입장에서는 상당한 이점이 있습니다만, 특허권과 같은 독점/배타적 권리를 행사할 수 없고, 실시권 설정이 힘들어 법적 보호에 취약하다는 한계가 있습니다.

그렇다면 건설인이라면 어느 제도를 이용하는 것이 좋을까요? 위 두 제도는 양립 가능하고 혜택도 서로 다르기에 가능하다면 특허출원과 건설신기술 지정 신청을 하시는 편이 좋겠습니다.

그렇다면, 어느 것부터 하는 것이 좋을까요? 특허입니다. 왜냐하면, (a) 건설신기술 지정 신청자격은 국내에서 최초로 건설기술을 개발하거나 기존 건설기술을 개량한 자뿐만 아니라 신청기술과 관련된 특허, 실용신안 등 최종권리자(출원)을 포함하고 있고, (b) 신청기술의 기술 내용에 신청기술과 관련된 특허, 실용신안 있는 경우 해당 목록을 제시하고, 그 핵심내용이 특허로 등록되어 있는지 여부를 구체적으로 설명하게 되어 있어, 특허(출원)의 여부가 건설신기술 지정 제도를 이용함에 있어 도움이 될 수 있기 때문입니다.

만약, 둘 중 하나밖에 이용할 수밖에 없는 상황이라면, 해당 기술을 어떻게 활용할 것인지 구체적으로 고민해 보시면 좋을 것 같습니다. 만약 발주기관 등에서 우선 사용 권고, 설계반영 의무화, PQ 가산점과 같은 부분이 필요하다면 건설신기술 지정을 시도해 보고, 그것이 아니라 경쟁업체의 기술 진입 등을 억제하고 안정적으로 실시할 의도라면 특허출원을 진행하는 것이 좋을 것 같습니다.

사례

건설회사 연구원 철수는 콘크리트 배합 장치 관련 새로운 기술을 발견하였습니다. 팀장님께선 건설현장에서 직접 사용해 보면 좋을 것 같고 학술적으로 의미도 있으니 콘크리트 학회에 발표해 보면 좋겠다고 하면서, 이 새로운 기술을 외부에 공개하기 전에 변리사와 상담해 보는 것이 좋겠다고 하였습니다. 변리사는 철수가 개발한 콘크리트 배합 장치는 이전에 없던 새로운 것이고 그 효과가 매우 뛰어날 뿐만 아니라 현장 적용성이 있어 보인다고 설명해 주었습니다. 다만 제삼자가 쉽게 실시할 수 있다는 우려가 있으므로 특허출원을 진행하고, 이를 기초로 건설신기술 지정도 함께 진행하는 것이 어떨지 제안했습니다. 그런데 법무팀은 특허출원에 대한 예산문제도 있고, 이 기술은 앞으로 있을 PQ점수에 가점에 활용하는 것이 좋겠다고 하여서, 특허출원은 하지 않고 건설신기술만 진행하기로 결정하였습니다. 철수는 변리사의 조력을 받아 건설신기술 신청, 심사 등을 함께 준비하기 시작했답니다.

특허권과 기업 5
: 직무발명 우수기업인증

도태현

    직무발명이란 기업에 소속된 직원이 한 발명으로서 직원의 업무영업과 관련된 발명을 의미합니다. 직무발명 보상이란 직원의 직무발명에 대해 특허를 신청할 수 있는 권리를 기업이 가져가는 대가로 직원에게 주어야 하는 보상을 의미합니다. 다만, 직무발명과 관련된 계약이나 근무규정을 작성해 놓지 않는 경우 기업이 직무발명에 대해 특허를 신청할 수 있는 권리를 가져갈 수 없는 불상사가 발생할 수 있습니다. 즉, 기술개발의 핵심인력으로 영입한 직원이 개발한 기술에 대해 본인 명의로 특허를 획득해 버리는 괘씸한 상황이 발생할 수도 있는 것이죠.

    이러한 일이 발생하는 것을 막기 위해 직무발명과 관련된 계약이나 근무규정을 잘 작성하고 직무발명을 한 직원에게 정당한 보상을 지급하는 것은 정말 중요한 일이고, 이를 장려하기 위한 제도가 바로 직무발명보상 우수기업 인증 제도입니다.

직무발명보상 우수기업 인증을 받게 되면 다음과 같은 혜택을 받을 수 있는데, 오늘은 특허의 우선심사대상이 될 수 있는 혜택에 대해서 중점적으로 말씀드리겠습니다.

인증기업에 대한 인센티브(22. 1 기준)

특허, 실용신안, 디자인 우선 심사대상
- 직무발명보상 우수인증기업(중소, 중견기업)은 인증서로 우선 심사를 신청할 수 있는 대상이 됨.
  인증을 받지 않은 일반 중소, 중견기업이 우선 심사를 신청하기 위해 (선행기술조사기관을 통해 받는)
  선행기술조사 수수료 대략 50만원정도를 절감할 수 있음.

특허, 실용신안, 디자인 4~9년차 등록료 20% 추가감면(22년3월 변경예정)
- 직무발명보상 우수인증기업은 발명진흥법 제11조의2 규정에 의거하여 인증 유효기간(2년) 동안,
  보유한 등록권리의 4년, 5년, 6년, 7년, 8년, 9년차 등록료 납부 시 인증서 첨부를 통하여, 중소기업의 경우 등록료의 70%,
  중견기업의 경우 등록료의 50%까지 감면받을 수 있음.

특허청등 정부지원사업 선정 인센티브 - 우대가점부여
- 특허청 : 사업화연계 지식재산평가지원사업, 우수발명품 우선구매추천사업, IP 제품혁신 지원사업,
          지재권 연계 연구개발(IP R&D) 전략지원사업, 중소기업 IP 바로지원사업, 우수특허기반 혁신제품 지원사업
- 과학기술정보통신부 : 글로벌SW전문기업 육성 사업
*가점부여 정부지원사업은 각 부처의 사업운영상황에 따라 축수 변경 될 수 있음.

SGI서울보증 혜택부여
- 보증한도 확대(등급별 최대 30억원), 보험료 10% 할인, 신용관리 컨설팅 무상제공,
  중소기업 임직원 교육플랫폼(SGI Edu-Partner) 지원

| 인증기업 인센티브[23]

우선심사의 대상이 된다는 것은 특허를 획득하는 데 걸리는 기간이 짧아진다는 말입니다. 직무발명보상 우수기업인증을 획득하시는 경우 정말 짧게는 3개월 만에 등록특허를 획득하실 수도 있습니다. 대출, 정부지원사업, 투자유치 등의 니즈로 인해 등록특허가 절실하신 경우, 직무발명보상 우수기업인증을 획득하신 후 특허를 출원하

---
23 http://www.kipa.org/ip-job/presentation/presentation01.jsp

신다면 3개월 만에 등록특허를 획득하실 수 있는 것이죠. 직무발명보상 우수기업인증은 분기별(3월, 5월, 8월, 10월)로 신청을 받으며 심사에 많은 시간이 소요되지도 않습니다. 직무발명보상 우수기업인증을 획득하는 데 걸리는 시간까지 고려했을 때 4개월~5개월이면 등록특허를 획득하실 수 있습니다.

직무발명보상 우수기업인증 없이 우선심사를 신청하는 방법도 있으나, 이 경우, 통상적으로 8개월 이상 걸리는 경우가 많습니다. 즉, 직무발명보상 우수기업인증을 획득함으로써 등록특허 획득에 소요되는 기간이 3개월~4개월 정도 단축될 수 있는 것이죠.

직무발명보상 우수기업인증 외에, 벤처기업인증, 이노비즈 인증, 지식재산경영인증을 획득하셔도 빠르면 3개월 만에 등록특허를 획득하실 수 있습니다. 다만, 벤처기업인증, 이노비즈 인증 및 지식재산경영인증은 획득 난이도가 직무발명보상 우수기업인증보다 상대적으로 높기 때문에 단순히 특허등록에 소요되는 시간을 단축시키기 위해 획득하기에는 다소 무리가 있습니다.

따라서, 대출, 정부지원사업, 투자유치 등의 니즈로 정말 긴박하게 등록특허가 필요하신 분이라면 획득 난이도가 상대적으로 낮은 직무발명보상 우수기업인증을 한번 생각해 보시는 것을 추천해 드립니다.

**특허란
무엇일까**

초판 1쇄 발행 2024. 1. 9.

지은이 강민우, 도태현, 이용훈
펴낸이 김병호
펴낸곳 주식회사 바른북스

편집진행 황금주
디자인 배연수

등록 2019년 4월 3일 제2019-000040호
주소 서울시 성동구 연무장5길 9-16, 301호 (성수동2가, 블루스톤타워)
대표전화 070-7857-9719 | **경영지원** 02-3409-9719 | **팩스** 070-7610-9820

•바른북스는 여러분의 다양한 아이디어와 원고 투고를 설레는 마음으로 기다리고 있습니다.
이메일 barunbooks21@naver.com | **원고투고** barunbooks21@naver.com
홈페이지 www.barunbooks.com | **공식 블로그** blog.naver.com/barunbooks7
공식 포스트 post.naver.com/barunbooks7 | **페이스북** facebook.com/barunbooks7

ⓒ 강민우, 도태현, 이용훈, 2024
ISBN 979-11-93647-55-4 03360

•파본이나 잘못된 책은 구입하신 곳에서 교환해드립니다.
•이 책은 저작권법에 따라 보호를 받는 저작물이므로 무단전재 및 복제를 금지하며,
이 책 내용의 전부 및 일부를 이용하려면 반드시 저작권자와 도서출판 바른북스의 서면동의를 받아야 합니다.